{传播大讲堂论丛}

全球媒介与信息素养评估框架

国家状况与能力

联合国教科文组织 编

张开 耿益群 译

GLOBAL MEDIA AND INFORMATION LITERACY ASSESSMENT FRAMEWORK: COUNTRY READINESS AND COMPETENCIES

中国传媒大学出版社

·北京·

图书在版编目(CIP)数据

全球媒介与信息素养评估框架：国家状况与能力 /联合国教科文组织编；张开，耿益群译. -- 北京：中国传媒大学出版社，2022.5
ISBN 978-7-5657-3061-0

Ⅰ. ①全… Ⅱ. ①联… ②张… ③耿… Ⅲ. ①传播媒介 ②信息素养 Ⅳ. ①G206.2 ②G254.97

中国版本图书馆 CIP 数据核字(2021)第 210872 号

全球媒介与信息素养评估框架：国家状况与能力

QUANQIU MEIJIE YU XINXI SUYANG PINGGU KUANGJIA：GUOJIA ZHUANGKUANG YU NENGLI

编　　者	联合国教科文组织		
译　　者	张　开　耿益群		
责任编辑	欧丽娜		
封面设计	风得信设计·阿东		
责任印制	阳金洲		
出版发行	中国传媒大学出版社		
社　　址	北京市朝阳区定福庄东街 1 号	邮　　编	100024
电　　话	86-10-65450528　65450532	传　　真	65779405
网　　址	http://cucp.cuc.edu.cn		
经　　销	全国新华书店		
印　　刷	唐山玺诚印务有限公司		
开　　本	710mm×1000mm　1/16		
印　　张	12		
字　　数	239 千字		
版　　次	2022 年 5 月第 1 版		
印　　次	2022 年 5 月第 1 次印刷		
书　　号	ISBN 978-7-5657-3061-0/G·3061	定　　价	78.00 元

本社法律顾问：北京李伟斌律师事务所　郭建平

31

原版书籍名称：Global media and information literacy assessment framework: country readiness and competencies

联合国教科文组织2013年出版

平面设计：Nancy Hanninen
封面设计：Nancy Hanninen
插图：Nancy Hanninen，Irmgarda Kasinskaite-Buddeberg，Georges Boade，Ralph Catts 和 Alice Lee

目　录

缩略语表

ASL　American Sign Language（美国手语）

CAT　Computer Adaptive Test（计算机自适应测试）

CBT　Computer-based Testing（计算机测试）

CFT　Computerized Fixed Test（计算机固定测试）

CGM　Consumer-generated media（自媒体）

CPD　Continuous Professional Development（持续专业发展）

EFA　Education for All（全民教育）

GDP　Gross domestic product（国内生产总值）

ICCPR　International Covenant on Civil and Political Rights（《公民权利和政治权利国际公约》）

ICT　Information and Communication Technology（信息与通信技术）

IFJ　International Federation of Journalists（国际记者协会）

IFLA　International Federation of Library Associations and Institutions（国际图书馆协会联合会）

IGF　Internet Governance Forum（互联网管理论坛）

IPDC　Intergovernmental Programme for the Development of Communication（《政府间通信发展方案》）

ISCED International Standard Classification of Education（国际教育标准分类）

ITU International Telecommunication Union（国际电信联盟）

MDG Millennium Development Goals（千年发展目标）

MIL Media and Information Literacy（媒介与信息素养）

NAT National assessment team（国家评估小组）

NSC National steering committee（国家指导委员会）

NGO Non-governmental organisation（非政府组织）

NSO National Statistics Offices（国家统计局）

PP Paper-and-pencil（纸笔）

PSU Primary sampling units（初级抽样单位）

SABER Systems Approach for Better Education Results（优化教育效果系统）

UIS UNESCO Institute for Statistics（联合国教科文组织统计研究所）

UNESCO United Nations Educational, Scientific and Cultural Organization（联合国教科文组织）

URL Uniform Resource Locator（统一资源定位符）

WSIS World Summit on the Information Society（信息社会世界峰会）

© Bertrand Ambry | UNESCO

前　言

当今时代，世界变化日新月异。在过去的几十年里，信息与通信技术（ICT）快速发展，改变了信息流通的方式，人们互动、获取信息、交流沟通、知识创新、学习和工作的方式也随之改变。

这种转变也为言论自由、媒介发展和公民参与带来了新的机遇和挑战。科技在促进世界发展的同时，也扩大了新兴经济体国家和发达国家人们之间借助媒介相互交流和沟通的难度，以及成为全球知识社会一分子的难度，加剧了国与国之间、国家内部社区与个体之间的不平等现象。

联合国教科文组织自成立以来始终以国际化的思维关注信息变化、传播、媒体和教育的影响。该组织提倡技术与自由、利用独立和多元的媒体来推动全球社会的发展，以一定的方式赋权公民，加强公民自由权利，用行动来确保所有的社会成员从技术的进步、急速增长的媒体、社会文化结构、经济和政治变化中真正获益，不让任何一个成员被边缘化。

联合国教科文组织《全球媒介与信息素养评估框架：国家状况与能力》就是以这一目标为宗旨。它为决策者提供了一个有依据的信息所支撑的战略框架，促使他们采取行动，确保所有公民获得使用媒介和信息的能力。《全球媒介与信息素养评估框架：国家状况与能力》为联合国教科文组织各成员国提供评估工具，并以此来评估在何种程度上这些成员国希望并能够为公民提供必要的提高媒介与信息素养能力的机会和条件。因此，联合国教科文组织主张媒介与信息素养是社会可持续发展的先决条件之一，也是人们能睿智使用信息、媒介、信息与通信技术以及互联网的先决条件之一。熟练使用信息、媒介、信息与通信技术以及互联网，也将有助于保证所有人受惠于《世界人权宣言》，尤其是自由表达和信息获取权。

联合国教科文组织鼓励各成员国尽一切努力让所有的社会成员都能够具备媒介与信息素养，并从中受益。只有确保人人都有能力参与到知识社会之中，我们才能够一起推进国际发展议程，建立一个和平、自由与平等的世界。

序 言

每个人都有其独特的内在的天赋、能力和知识体系，这对其未来发展来说至关重要。正如音乐对我而言，它反映了我内在的知识、技能和处事的态度。电影是导演的表达方式，文章是作家的表达方式，商业是企业家的表达方式，而孩子们是通过游戏、歌曲与故事来表达自己的意愿和情怀的。

然而，在一个日益复杂和严苛的世界，一个人很难用内在的才华恰当有效地表达、传播自己的思想和观点。作为教育、传播和信息领域的家长、公民、领导者、决策者和规划者，我们有责任和义务让年轻人拥有获得信息、创造和传播信息的能力，这一能力能为年轻人营造一个更美好的未来，为人类创造一个共享信息和文化遗产的世界。

所以说，此时此刻学生、年轻人和他们的教育者拥有媒介与信息素养比以往任何时候都显得更加重要，媒介与信息素养可赋予年轻人、父母、老师以及其他公民驾驭他们独有的才能所需的至关重要的能力。为了21世纪的蓬勃发展，媒介与信息素养项目邀请各国采取适当措施，共同建立一个有利于促进媒介与信息素养发展的环境。

《联合国教科文组织全球媒介与信息素养评估框架》鼓励成员国采取具体的行动来帮助公民拥有媒介与信息素养。希望成员国评估各自国内的环境是否有利于媒介与信息素养计划的开展，了解关键人群（如在职和职前教师）现有的媒介与信息素养水平。唯有这样，我们才能进一步接近我们理想的世界，即所有人都可以在其个人生活、职业生涯和社会角色中充分发挥潜能。

联合国教科文组织和平艺术家（UNESCO Artist for Peace）

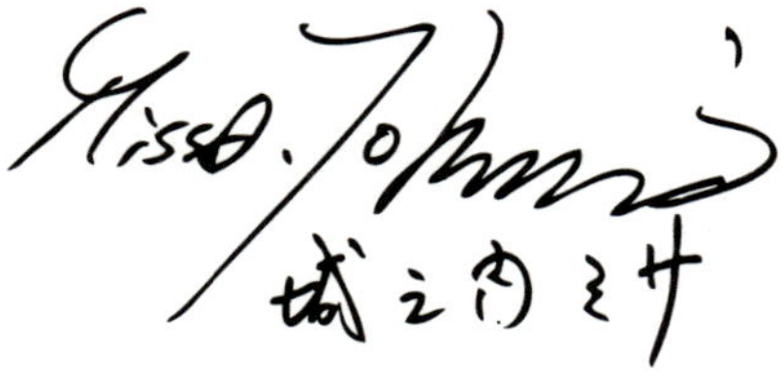

城之内美莎（Missa Johnouchi）

致 谢

编辑和咨询委员会

拉尔夫·凯茨（Ralph Catts）

吉萨斯·劳（Jesus Lau）

布卡伊（Irmgarda Kasinskaite-Buddeberg）

乔治·博阿德（Georges Boade）

埃尔顿·格里兹尔（Alton Grizzle）

爱丽丝·Y. L.李（Alice Y. L. Lee）

Hua-Hua Chang

克劳德·阿克帕比（Claude Akpabie）

马丁·斯凯帕（Martin Schaaper）

执行编辑

布卡伊（Irmgarda Kasinskaite-Buddeberg）

乔治·博阿德（Georges Boade）

埃尔顿·格里兹尔（Alton Grizzle）

出版编辑

彼得·科尔斯（Peter Coles）

审稿人

雷蒙·莱恩德克（Ramon Leyendecker）

西蒙·埃利斯（Simon Ellis）

布伦达·泰·利姆（Brenda Tay Lim）

哈科·杜·图瓦（Jaco Du Toit）

阿齐兹·阿比德（Aziz Abid）

雷蒙·吉耶尔穆（Ramon Guilermo）

雷吉诺·图阿松（Regino Tuazon）

安德里亚·卡伊罗拉（Andrea Cairola）

罗莎·冈萨雷斯（Rosa Gonzalez ）

泽伊内普·法若卢（Zeynep Varoglu）

对联合国教科文组织《全球媒介与信息素养评估框架：国家状况与能力》做出贡献的有：

Szarina Abdullah, Mumtaza Abdurazzakova, Abdelaziz Abid, Zhyldyz Akayeva,Jose Reuben Q. Alagaran II, Irene Andriopoulou, Natalia Anisimova, Indrajit Banerjee, Joan C. Bartlett, Annie Bélizaire, Rosa Berdigaliyeva, Evelyne Bevort, Albert K. Boekhorst, Elena Bondarenko, Joumana Boustany, Emily M. Brown, Nimfa D. Camua, Toni Carbo, Paolo Celot, Kunjilika Chaima, Sonny Coloma, Belinha De Abreu, Michael Dezuanni, Fay Durrant, Simon Ellis, Irina A. Fateeva, Brian Christopher Findsen, Rosa Gonzalez, Tatiana Jereissati, Ammu Joseph, Sara Gabai, Vladimir Gai, Natalia Gendina, Nancy Graham, Eva Goettert, Paul Hector, Forest Woody Horton Jr., Catherine A. Odora Hoppers, Julia Tami Ishikawa, Trishanjit Kaur, Serap Kurbanoglu, Evgeny Kuzmin, Ann Lourdes C. Lopez, Sharon Mader, Devika P. Madalli, Theophilus E. Mlaki, Susan Moeller, Roxana Morduchowicz,Lyubov Naidenova, Samy Tayie, Chido Onumah,

José Manuel Pérez Tornero,Maria Carme Torras Calvo, Daria Tsukanova, Isabelle Turmaine, Boyan Radoykov,Kubashini Rama, Selvarani Sabaratnam, Jagtar Singh, Jane Secker, Dorothy Williams, Carolyn Wilson, Julia Zhang/Xiaojuan, Irina Zhilavskaya, Peter Wallet and Isabel Whisson.

对以下教授和老师们的专业见解表示感谢:

Laurie Anne Carr, Alejandro Chao, Patrizia D'Antonio, Claire Fagan, Elena Fumi,Gakinya Gichuhi, Jim Greenlaw, Daw Htay Htay Han, Kamolrat Intararat, Surin Inthanam,Mairi Kennedy, Heather Kerr, Daw Lwe Lwe Khine, Wei Ying Lim, Vu thi Ngoc Linh, Gina Lopez, Sandy Macintosh, Kirsty MacPhee, Nant Mar Lar Than, Angie McCormick, Montanus C. Milanzi, Deograsias Mwoka, Joanna Naw, Keooudom Namsibounheuang, Claire Nelson, Bijan Pant, Ismael Pena-Lopez, Kesone Phetcharern, Boualin Phommasin, Saidi Ramadhani,Cimenna Chao Rebolledo, Viengkhone Saengvilay, Kullatip Satararuji, Souksanh Sayavong, Sunida Siwapathomchai, Oun Sok, Choummaly Souliya, Vanthala Souvanxay, Lynde Tan, Pham thi Thu Phuong, Ngo thi Thu Trang, Phithak Youthasanti, Loise Wambui and Anna Zweede.

联合国教科文组织感谢为这份文件提供建议和做出贡献的合作伙伴,特别感谢国际图书馆协会联合会(IFLA)、国际大学和研究机构联盟(IAU)、亚洲新闻与传播研究所(AIJC)。

图表目录

概 要

今天对于任何个人、社区乃至整个国家而言，信息和知识常常被视为最重要的战略资源，学习是最重要的战略能力。在过去十年中，尽管世界上许多国家的人口基本素养不断提高，获取信息和知识的渠道与机会不断增加，但人与社会发展所面临的重大挑战和障碍依然存在。如何创造一个有利的学习环境，如何培育公民的能力，依然是一个悬而未决的问题。

“数字鸿沟”使文盲率上升，对文盲和识字者都产生了影响，影响他们在人生的不同阶段如何发挥其能力。“数字鸿沟”不仅仅是有形的、物质的和技术的，它还包括知识。为了应对这些挑战，缩小鸿沟，我们需要一种更加情景化、多元化和动态化的新方法，吸引人们关注信息、通信、媒体、技术和数字等各个方面。

媒介与信息素养（MIL）将信息素养、媒介素养、信息与通信技术（ICT）和数字素养汇集一起，形成一种新的素养结构，来赋权于人、社区以及国家，它有助于人们在全球知识社会的建构中积极参与并发挥作用。这一做法需要一个更广泛的可达性、融合性视角，以及更丰富的信息和媒介内容传播，并以各种形式，通过多样化的数字工具得以实现。媒介与信息素养有助于培养批判性思维和解决问题的能力，同时它也增加了人的合作性和参与性。这意味着每一个国家都需要投入一定的人力和资源，来创建有利于培养媒介与信息素养提升的环境；也意味着公民需要配备必要的工具和资源，来实现建立于媒介与信息素养基础之上的个人、职业和社会的目标。

借助媒介与信息素养，联合国教科文组织正在致力于通过制定获取信息和自主表达的相关条款来推广个人权利和基本自由。一个具有媒介与信息素养的人不仅是信息和媒介内容的消费者，也是一个有责任的信息追寻者、知识创造者和创新者。具备媒介与信息素养，人就有能力驾驭各种信息、通信工具与媒体。所以，媒介与信息素养被界定为一组能力，它能够使公民通过使用各种工具，去自主接触、了解、评估、使用和创造并分享各种形式的信息与媒介内容，以批判的、道德的、有效的方式参与到个人、职业和社会的各种活动中去。

在进入媒介与信息素养政策推行和战略发展进程之前，联合国教科文组织敦促其成员国首先收集关于本国媒介与信息素养的现状和可用性的有效、可靠数据。通过了解媒介与信息素养所面临的挑战和机遇，决策者、规划者以及教育、信息和传播领域的计划制订者才能根据本国具体情况做出精准的战略决策。

《联合国教科文组织全球媒介与信息素养评估框架：国家状况与能力》（以下简称《全球媒介与信息素养评估框架：国家状况与能力》）给联合国教科文组织成员国提供了方法论上的指导和实用工具，在国家层面对全国有关媒介与信息素养的准备情况和能力状况进行评估，尤其是对在职教师和职前教师状况的评估。

《全球媒介与信息素养评估框架：国家状况与能力》分两个层级。

第一层级是国家的准备——提供一个国家媒介与信息素养发展水平和实施相关计划的能力的信息。它利用现有的国际、区域和国家的数据资源建立一个国家背景资料库，重点介绍的是由国家发起的旨在促进个体媒介与信息素养能力发展的措施。这一层级包括和媒介与信息素养有关的五个方面：

1.媒介与信息素养教育；

2.媒介与信息素养政策；

3.媒介与信息素养资源；

4.媒介与信息素养的获取和使用；

5.公民社会。

第二层级是针对所有公民的媒介与信息素养能力，尤其是针对在职教师和职前老师。由于教师是知识的主要守门人，他们需要获得支持和权力。媒介与信息素养的教师将他们的知识和经验传授给学生，随着时间的推移，这些学生将会促进媒介与信息素养的发展，并产生广泛的社会影响。《全球媒介与信息素养评估框架：国家状况与能力》包括用于评估个人和机构层面的媒介与信息素养能力基体。国民的媒介与信息素养能力反映出一个国家是否拥有可促进创建和发展媒介与信息素养的有利环境。媒介与信息素养能力基体包括以下要素：

1.媒介与信息素养构成要素（3）；

2.媒介与信息素养主题内容（12）；

3.能力（12）；

4.实施标准（113）；

5.熟练程度（3）。

《全球媒介与信息素养评估框架：国家状况与能力》为国家在采纳媒介与信息素养项目的调试过程中提供了方法论方面的指导，它包括六个阶段和各种实用工具，这些可以在本书的技术附件中查到。

基于评估结果，各国将能够做出明智的决定，即行动导向的方案和策略，旨在通过干预措施，创造有利环境，提高公民的能力，促进媒介与信息素养的进一步发展。

出版说明

本书是联合国教科文组织的机构和个人合作伙伴在媒介与信息素养领域共同完成的一项具体成果。通过本书，联合国教科文组织旨在：

·夯实媒介与信息素养实践的理论和概念基础；

·向联合国教科文组织各成员国讲明媒介与信息素养评估的重要性和相关性；

·在国家层面提出一个全面的媒介与信息素养评估框架，并为框架的实施和应用提供方法论、建议和具体的做法。

关于联合国教科文组织的全球媒介与信息素养评估框架，本书旨在对以下四个方面的问题做明确且实际的解答：

1.评估框架为什么具有必要性？——第一章

2.评估框架的主要内容有哪些？——第二章

3.如何使用评估框架？——第三章

4.如何处理评估的结果？——第三章

媒介与信息素养评估框架可以随着社会的变革、教育的进步、人力的变化、经济的增长、民主进程和政策决策进程的推进，在信息、媒介、数字、信息与通信技术素养之间建立良好的关系，进而促进终身学习的积极性。

本书的总体目标是，指导联合国教科文组织各成员国从本国公民，特别是在职和职前教师的媒介与信息素养的评估角度，整体评价全国的准备情况和能力水平。

本书的目标受益者是：在正规和非正规教育环境中的政策制定者、决策者和规划者，统计数据的收集和分析人员，教师培训机构和教师。本书也与专业的信息和传播群体相关，并具有广泛的社会适用性。本书的结构如下：摘要、三个章节和技术附件。

第一章是对《联合国教科文组织全球媒介与信息素养评估框架：国家状况与能力》的理论阐释。首先是对一些主要概念进行概述，如不断变化的“素养”概念、不同素养之间的内在联系、各素养之间的融合以及对社会的影响等。这一章为媒介与信息素养提出了新的概念和基本理论，并描述了它对社会、社区及个体的潜在益处。它还从国家层面对构建有益于媒介与信息素养发展所需的良好环境提出了要求，特别强调教师的媒介与信息素养能力的专业发展。本章节也从理论上阐释了为什么国家需要发展媒介与信息素养。

第二章介绍了媒介与信息素养评估框架。本章从国家层面描述了评估的对象、目标、结构以及评估中的其他因素，同时也对媒介与信息素养评估框架的两层级视角的合理化和附加值进行了论述，即，国家准备情况和从国家层面评估媒介与信息素养的能力框架。

第三章从国家层面为媒介与信息素养的评估提供了方法指导和实践建议，并从评估工具的有效性和可靠性角度，描述了国家在媒介与信息素养方面的准备情况和能力的测量理论。本章还对测量结果的进一步运用提出了建议。

此外，本书内容还包括参考一份文献、一份首字母缩略语表、一份书中使用的主要词汇表，以及几个技术附件。媒介与信息素养的指导原则、建议和技术附件，包括国家适应性和评估实施等，以上这些便是媒介与信息素养评估框架的构建基础。

特别提示：本书内容具有一定的灵活性，联合国教科文组织将根据各个国家的需求、现实和上文列出的预期受益者们的具体情况，对本书进行测试，并做出调整。

第一章

创建媒介与信息素养评估框架的理论基础

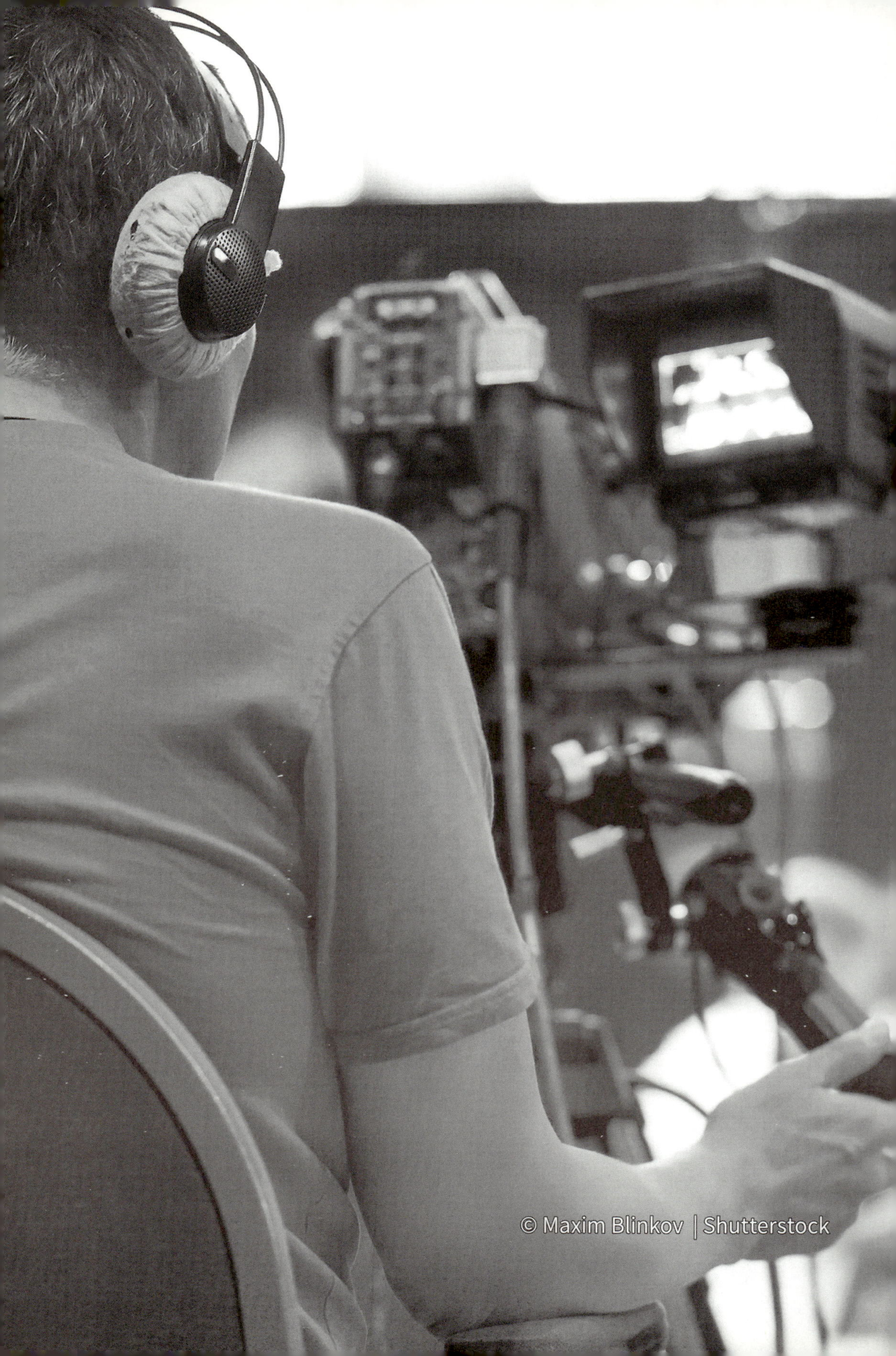

第一章的主要内容是论述联合国教科文组织创建媒介与信息素养评估框架的主要理论基础，论述分为三个部分。

第一部分对变化中的“素养”概念、风险社会中各类素养之融合、它们之间的内在联系以及社会意义等方面一一进行概述，强调对各类素养需要有一个协作整合的方法和态度。在知识社会的语境下，本节内容为多种媒介与信息素养的复合概念提供了一个理论和概念依据。

第二部分主要从制定适当政策、设定专业标准、推动社会资源流动、调整培训项目和课程，以及赋权于公民参与知识社会等角度，论述了媒介与信息素养对社会、社区和个体的潜在益处。在第一部分已有结论的基础上，本节论述了联合国教科文组织在创建媒介与信息素养评估框架方面的主要观点。

第三部分主要介绍的是为提升媒介与信息素养能力创建良好环境的主要益处和要求，尤其是提升教师在这方面的能力的益处和要求。该部分还涉及“准确可靠的信息是做出明智决策和制定战略方案之先决条件”的相关内容。

总之，第一章回答了第一个问题：

为什么评估是必要的？

第一节　素养：一个发展中的概念

◎ 可持续发展语境下的素养

> 关于人们是否具备的素养并不是单一的概念，而是多种素养的集合。因此，素养具有情境化的、多元化的和动态性的特点。

素养被定义为“在理解与个人日常生活相关语句前提下的阅读和写作能力”[1]，它涉及一系列的阅读和写作技能，通常也包括基本的算术技能。传统意义上，素养被视为与受教育权密切相关的人权的一个方面。

近些年，随着社会政治、经济和技术模式的变化，以及时代的要求和挑战，素养的综合概念和素养的新内涵都得以进一步发展，尤其是在工作场所和一般社会环境下（联合国教科文组织，2008a）。这些发展已经模糊了不同类型素养的边界，并且创造了一个新的共生概念。因此，素养概念中那些与其他基本权利和社会发展相关的内容，如《人权宣言》第19条（联合国，1948）规定的表达自由权和信息获取权，将与教育、就业、社会包容、参与、经济和政治等等一样受到重视。

联合国十年扫盲（2003–2012）激发了社会对素养概念的完善，强调个人工作在社会情境中的重要性，以及运用素养驾驭和充分利用社会变革的能力（联合国教科文组织，2008a）。人们认识到素养并非单一的人们具有或不具有某种能力的概念，它是多种能力集合的概念。此外，扫盲十年强调所有公民需要进行口头、书面和虚拟/数字的练习，在人生不同阶段都必须坚持学习，所以素养的概念必然是情境化的、多元化的和动态性的。面对社会、文化、技术、经济和政治环境的变化，我们需要一个更加全面的理论化和概念化视角，来关注这些变化是如何影响人们获取和使用素养技能的。

然而，无论是哪种类型的素养，都不是非此即彼，也就是说，我们不能说一个人具有素养或毫无素养。相反，重要的是要将所有的素养放在连续统一体中进行考虑：个体素养千差万别，它会因生活环境、个人需求和可用资源的不同而不同，会在素养能力的等级和使用水平上显现差异。

尽管在过去的几十年里，全世界的素养水平在稳步提高（美国失业保险局，2012），但许多国家仍然有文盲存在，他们通常是被边缘化的社会群体（联合国教科文组织，2010）。一直以来，在国家、地区和国际层面，人们就此提出了各种理由，并进行讨论。

近些年，关注焦点已经转移到数字鸿沟和知识鸿沟（联合国教科文组织，2006）。数字鸿沟不仅针对信息与通信技术（ICT）的物质、材料和技术方面，也针对数字鸿沟对不同人群所产生的影响的认识，比如在能够采用有效方式接触信息、管理信息、创建和传播信息的人群和在数字运用过程中利益受损人群之间，数字鸿沟必然产生不同的影响（艾克斯民调机构，2004）。技术发展改变了人们的网络使用方式，从集中模式（Web 1.0）到有更多互动和社会协作的模式（Web 2.0），再到现在新的技术突破（Web 3.0）。这些发展改变了或正在改变人们访问、接收、评价、制作和交流自己的观点和想法的方式。与此同时，教育模式也在转变，从人的一生只有一次集中性学习变成了持续性学习，这是一个终身的自我完善过程。公民的生活、社会和工作环境在不断发生变化，这需要培养新的素养能力，以及实现它的新方法。

越显重要的虚拟世界向人们展示的机会与潜在的风险和危机并存。从这个意义上讲，各种新素养的作用便越发重要，尤其是与信息、媒体和信息与通信技术相关的素养，这些新素养有助于减少信息在可靠、隐私、安全和伦理等问题方面的风险，以及有助于避免任何个人、公共或私人团体对信息的滥用。对公民同样重要的是了解如何获得信息，了解媒介内容的来源，以及这些媒介内容是如何被制作、资助、保护、评估和共享的。当今的公民都要了解信息和媒体机构在知识社会中的功能、角色、权利和义务，也需要知道潜在的机会和挑战，了解某些媒体机构或个人以某一社会群体（如年轻的或年老的，男的或女的）为目标的潜在的媒体滥用。

◎ 提升素养的综合方法

尽管基本素养水平在全球范围内正在提升，但是当我们涉及培养公民的批判性和创造性思维能力，有效管理信息资源能力，以及平等参与21世纪的社会并为之做出贡献的能力时，摆在我们面前的挑战还是相当严峻的。研究人员、政策制定者、决策者、教育规划者、教师、学生和家长，以及雇主，经常问及一个基本问题：未来社会是什么样的？人们需要具备哪些能力？

这个问题的答案有很多，但其中一个显而易见的答案是：对于人类的生存和自我实现，以及保持可持续发展而言，信息和知识始终是至关重要的。自人类文明伊始，在人类的各种活动中，获取信息、创造和应用新知识、交流与沟通是社会演进的推动力，带给人们社会经济福祉。自古以来，关于世界的知识和与他人合作的经验一直被视为人类所拥有的最珍贵的财富。

毫无疑问，知识的创造和分享将继续发挥核心作用，它能够影响经济增长、气候变化、社会发展、文化修养、政治赋权以及民主制度的巩固。如今，信息和多种传播方式，包括媒体、互联网和信息与通信技术，是民主辩论、群体建构、协同创新过程中不可或缺的先决条件。印刷与广播的传播模式和严格的版权制度已不能制约信息和媒体内容的传播和获取。在任何地方人们都可以获取信息、创造信息，以及在全球范围内随时与数十亿人共享信息。

此外，目前世界各国所面临的问题都不是线性单一的，而是多样、复杂和相互关联的，比如文盲、贫穷、气候变化、财政危机和频繁冲突。这样复杂的问题不可能由某个单一的机构或部门解决，也不可能通过某个单一分散的方法来解决。我们需要的是一个多学科的方法，需要国家、地区和国际层面的协调努力和通力合作。

融合的信息和媒介进入了现代生活后，其影响并没有时刻被关注、被认可和被监控。媒介与信息提供者（如网络信息提供商、图书馆、档案馆和博物馆等）拥有巨大的政治、经济、社会和文化权力，是世界变化的推动者，他们正逐渐取代曾经由家庭、社区、宗教、政治、商业和教育所扮演的角色。媒介与信息不仅扮演着传播信息和知识的角色，而且还在社会价值观和社会规范的形成方面，以及人们的态度和行为改变方面发挥着巨大作用。媒介与信息对人们的生活方式和工作环境也产生了很大的影响。

随着信息、媒介、信息与通信技术和数字世界的威力以及影响力不断增长，素养的概念在过去几十年中不断演进，它包括网络素养、数字素养、电子素养、信息素养、媒介素养、新闻素养、技术或者信息与通信技术素养，以及许多其他素养。这其中的一些素养是独立的，界定范围是清晰的，并且已经有了一定理论和实证数据的支撑；另外的一些则更新颖，与其他的复合概念有内在联系，比如多元素养（multi-literacies）、跨界素养（trans-literacy）、媒介与信息素养等（联合国教科文组织，2013a）。

然而，在不同类型素养中仍然存有共同点，那便是它们都致力于为进入知识社会做出贡献。人们普遍认为素养对社会和经济中的“人力资源”建设具有重要意义，各类素养也有共同目标，即着眼于人的能力培养，尤其是在信息、媒介和信息与通信技术领域。它们明确了社会中媒介和信

> 对任何社会的可持续发展来说，培养具备媒介与信息素养的民众是至关重要的。

息提供者（如媒介和信息的基础设施）的角色和功能，以及它们对公众的影响。最终，这些概念一致将目标锁定为：提倡公民的终身学习习惯，建立高效的知识社会，促进公民的社会参与（联合国教科文组织，2011a），倡导社会的良好管理和负责任的发展。拥有素养的结果是，作为媒介与信息的熟练使用者、创造者和生产者，以及经验丰富的传播者，人们可以对信息和媒介内容作出明智的分析和判断。

一直以来，有些类别的素养在学科层面上只是看似有些内在联系，然而在实践层面上则表现出更为密切的关系，这是因为网络、媒体、移动平台和其他途径所提供的信息和内容拥有更大的可访问性、融合性和传播性。媒介素养、信息素养、通信技术和数字素养不再各自孤立，而是相互关联且有重叠。随着时间的推移，人们提出了媒介与信息素养的概念，这一概念旨在为传播和信息领域的新兴素养概念提供统一的视角。[2]

将多种素养概念整合成为媒介与信息素养的一个首要原因是，要赋予公民追求和享有人类共享的人权与自由能力，尤其是表达自由和信息获取能力；其次是技术的融合模糊了各种素养之间的界限；再者，当下社会迫切需要将分散的、繁杂的各类素养进行集中和转化，创建一个更为广泛的框架；最后，我们越来越需要一个整合的方法来梳理近来出现的各类素养，理清各种素养在个人发展、教育环境、专业成长和社会进步的情境下如何得以维持和发展。

图1–1展示了一幅素养的跨学科路径图，跨学科视角不仅仅与信息和传播有关，同时也与教育、科学、文化、经济和其他领域相关。媒介与信息素养就是基于对信息资源和信息技术的使用，以最有效、最合乎道德的方式，驾驭信息，自主掌控学习过程（从数据到信息、到知识和学识）和决策过程。任何人都能够运用一定的技术，搜集、获取和分析包括媒介内容和消息在内的数据和信息；在获取、分析和使用过程中，无论是专业人员还是非专业人员都能创造新的知识。数据和信息的处理与管理技术需要使用者具备一定的批判性思维，需要使用者更具连通性、专业性、参与性和包容性。具备媒介与

信息素养，人便可在不同的层面看待问题，理解一系列问题之间的联系、关联、模式、结构，以及解决问题的基本原则、具体办法和具体情况。

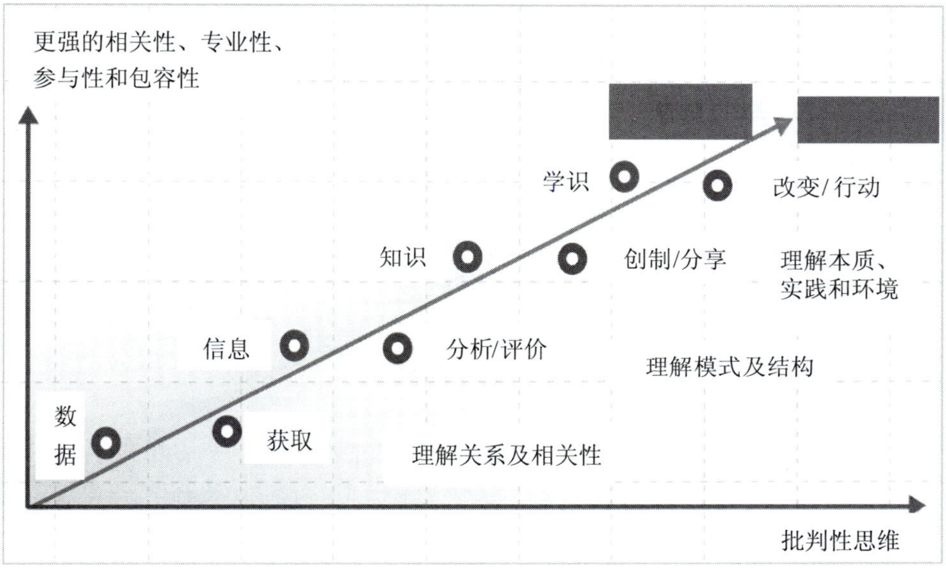

图 1–1　跨学科的素养视角

资料来源：http://www.systemswiki.org/index.php?title=Data,_Information,_Knowledge_and_Wisdom

第二节　媒介与信息素养

在20世纪，信息素养与媒介素养被认为是各自独立且截然不同的领域。过去30年中，众多研究、会议和工作坊致力于定义媒介素养、信息素养与新兴的信息与通信技术和数字素养。

信息素养和媒介素养的研究和教学根植于不同的学科。媒介素养源于媒介和公民研究，信息素养则源于图书馆学和信息科学领域。从发展历史来看，信息素养由图书馆用户的教育课程和资料发展而来，拥有良好的学科基础。自1974年以来，“信息素养”这一词语已经被用于强调通过多种工具、形式和渠道来获取信息，评价、创造、分享信息与知识的重要性。与此同时，“媒介素养”这个词可以追溯到屏幕教育，强调作为非制作者的信息主要供应商和信息加工者，他们理解、选择、评估和使用媒体的能力。相比之下，信息与通信技术素养和数字素养缘起计算机科学和信息学，特别是使用特定的数字设备、软件和基础设施的能力。信息与通信技术和信息与通信技术素养往往被视为培养其他素养的启用工具。此外，数字素养概念的使用通常与信息素养类似，它们都强调以创造新知识为目的，使用一系列的工

> 媒介与信息素养被定义为一系列能力，即赋予公民以批判的、道德的、有效的方式，获取、检索、理解、评估、制作和分享各种信息与媒介内容的能力，从而使其能积极地参与并从事各种个人、职业和社会的活动。

具和资源，特别是数字技术，从而能够有效且批判地获取与评价多种形式和多种来源的信息，特别是数字信息。因此，针对政府管理、公民培养和以数字化为基础的知识经济的发展而言，数字素养显然是不可或缺的。

数字素养有助于使用者安全地、有道德地参与社会协作和网络活动，因此数字素养与媒介素养的关系也甚为密切。同样，信息与通信技术素养或技术素养强调的是管理媒介讯息和信息的技能，简而言之，媒介素养、信息素养、信息与通信技术素养和数字素养的意涵在以下几个方面有所重叠：

研究对象：信息素养关注的是如何通过使用各种技术工具管理不同类型、不同格式的数据和信息。媒介素养关注的重点是媒体对民主与发展的作用。自从大众传媒与通信技术轰轰烈烈地走进人们的日常生活，媒体机构和其他信息生产商向信息平台提供海量的媒介内容，信息检索和搜索就成了一件极为便利的事情。如今，基于理论与经验的结合，若将媒介素养、信息素养、信息与通信技术素养和数字素养进行融合，就必然需要一整套全新的、联动的能力培养与协作机制。

权利视角：这四种素养都旨在促进人们基本权利的进步，尤其是表达与获取信息的自由（《联合国世界人权宣言》第19条）。媒介素养着重关注自由表达、出版自由和信息的多元化。信息素养强调寻求、获取并传递信息和思想的权利，这一权利的实现需要跨越国界，借助各种媒介。数字素养关乎的是数字信息的开放性、多元性、包容性，以及信息与通信技术的透明性，尤其指互联网上的信息。

批判与反思：上文所述的几种素养都很重视对信息和媒介内容的批判性评价，同时也要求对媒介的社会功能和信息制造者（产品、服务与制作过程）的认知。

能力培养：这四种素养都有一个共同的目标——培养人们通过使用包

括信息与通信技术在内的各种手段，来获取、评价、创造和分享信息与媒介讯息的能力。四种素养的本源虽然不同，但很显然它们是相互兼容与互补的。

对个人、社会、职业生涯的影响：上面提到的各种素养对于公民、儿童、年轻人、女性、残疾人、原住民和少数民族都至关重要，因为具备素养，人们便可作为平等的社会建设者来了解、参与并从事各种社会、经济、政治活动。信息、媒介内容和任何数字产品与服务都会对个人、社会与职业生涯产生巨大影响。媒介素养具有强大的社会内涵，而信息素养关注的是知识的创造和使用，以及睿智的学习过程。媒介与信息素养恰好能包含这两个概念，同时也囊括信息与数字通信技术。

跨学科途径：信息素养和媒介素养是人们生存于21世纪必备的能力，它们有助于人们面对来自各种信息传播平台的海量数据、信息和媒介讯息。将媒介与信息素养概念和其他素养概念（如信息与通信技术素养和数字素养）结合起来很合乎逻辑，因为这样可以开发在新技术环境下所需要的能力，并可以共同促进，帮助人们更容易地参与到知识社会中去。

媒介与信息素养应该是一个不断发展的概念，它出现在一个动态的技术、政治、经济、社会和文化环境中。媒介与信息素养和文化紧密相连，是一种文化竞争力，它有助于跨文化交流，有助于促进和平、宽容和非暴力文化的发展。

联合国教科文组织将媒介与信息素养纳入其战略之中，从而将一系列相关的概念汇集在一个伞形结构之下，如信息素养、媒介素养、信息与通信技术素养和数字素养等（见图2-2）。联合国教科文组织认为信息素养、媒介素养、信息与通信技术素养和数字素养，是一个互补和统一的复合概念。同时，联合国教科文组织认为这些不同类型的素养是独立的，拥有自身的完整性和独特性。

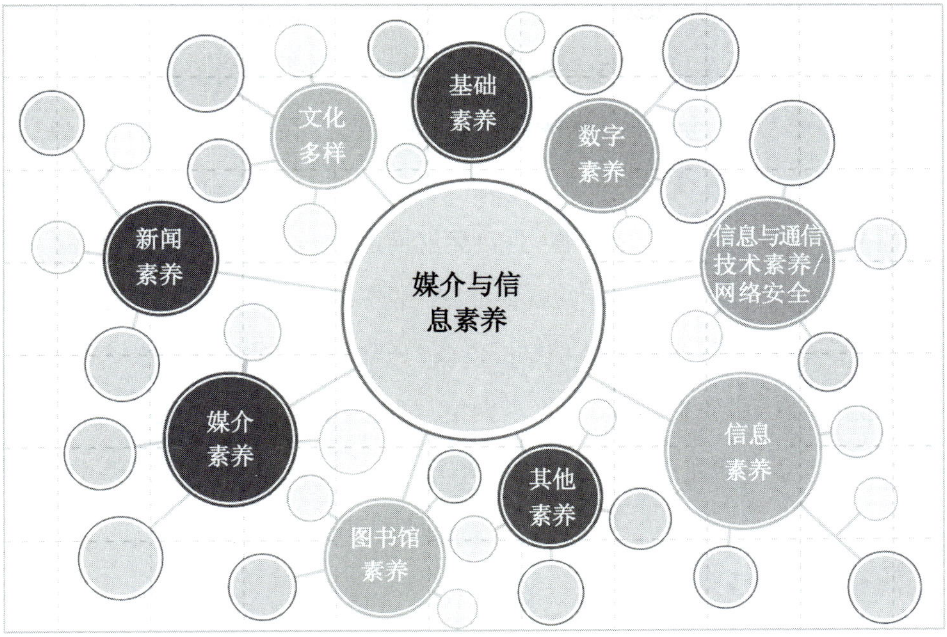

图 1-2　媒介与信息素养的综合概念

◎ 联合国教科文组织在媒介与信息素养发展中的角色

联合国教科文组织的章程规定，该组织有“通过文字及图像促进思想自由传播”（联合国教科文组织，1946）的责任。基于人权和自由的全球共识，如《人权宣言》（联合国，1948）、《公民权利和政治权利国际公约（ICCPR），以及其他国际准则和最优惯例（联合国，1966）中所倡导的，联合国教科文组织是联合国一个负责促进世界范围内信息和知识传播与获取的专门机构。

> 媒介与信息素养的最终目标是促使所有个体受益，使人们能够把握新机遇，以最有效、包容和道德的方式行使其权利和自由，如言论表达自由，能够搜索、传递和接收信息。

联合国教科文组织相信，培养公民的媒介与信息素养能力，对社会的可持续发展至关重要。这需要个人、社区、国家通过各种各样的能力以获得信息素养和媒介素养。信息与通信技术的快速发展，尤其是以互联网为主导的信息与通信技术和移动信息技术的融合，为公民的承诺、参与和包容开启了新的契机，同时也为社会学习、社会管理、经济和文化发展创造了新的机会和形式。通过信息与通信技术及社交平台的使用，人们可以获取、生产、处理以及在全球范围内共享海量信息及媒体内容，这自然就创造了一个独立的虚拟世界，或者说是一个以不同于客观世界的各种准则、常规、价值观和行为规范为准绳的新现实。除此之外，大型媒体信息提供商，通常是主要的互联网服务提供商，以及其他全球服务提供商、社区和网络，通过超越国家与区域的自然与历史时空概念，进入每个人的私人、职业及社会生活领域，并产生直接影响（见图 1–3）。

图 1–3　媒介与信息素养对社会的直接影响

在过去的十年里，联合国教科文组织的行动计划一直致力于知识社会概念的推广。知识社会由四个部分组成：全民教育、表达自由、信息获取、文化多样性。联合国教科文组织支持和鼓励其成员国推行媒介与信息素养，采取具体措施帮助公民接受媒介与信息教育，从而创建一个一切皆可实现的环境（Mansell & Tremblay, 2013）。创建知识社会的第一步是评定当前的国家状况和能力，这一点必须优先于计划、测试、监测，以及对任何措施的评价（联合国, 2013a）。

联合国教科文组织已经拟定了“全球媒介与信息素养评估框架”，通过为其成员国提供适当的评价工具、一套方法以及指导方针，来实施各国对自身的媒介与信息素养水平的评估。

本评估框架与“全民信息计划（IFAP）”中的重点领域之一[3]“信息素养”一致，也与“国际传播发展计划（IPDC）”倡导的促进自由表达和媒体多元发展之观点一致。[4]本框架能为联合国教科文组织实施以下一系列计划出一份力，如《信息社会世界峰会（WSIS）实施行动计划》[5]、《联合国千禧年发展目标和2015年后发展议程》[6]、《全民教育（EFA）》[7]、《推广和使用多种语言和普及网络的倡议》（2003）[8]、《联合国教科文组织宪章上的数字遗产保护（2003）》[9]《世界文化多样性宣言（2005）》[10]和技术附录B中列出的其他文件。本框架也促进了联合国教科文组织正在进行的关于媒介与信息素养方面的研究，比如“媒介与信息素养教师课程”（2011）、“媒介与信息素养政策和策略指南”（2013），以及其他行动。

媒介与信息素养评估框架建立在下列宣言的基础上：《知识社会中媒介与信息素养莫斯科宣言（2012）》[11]、《媒介与信息素养的非斯宣言（2011）》[12]、《巴黎议程——12个媒介教育建议（2007）》、《信息素养和终身学习亚历山大宣言（2006）》[13]、《布拉格宣言：走向具有信息素养的社会（2003）》，以及《媒介教育的格伦沃尔德宣言（1982）》[14]。

在2003年和2005年的“信息社会世界峰会（WSIS）”上，国际组织精英和国家政要一致认为需要构建一个以人为本、包容、以发展为导向的信息和知识社会。此后，媒介与信息素养的发展得到了广泛而稳固的支持，并在2015年后联合国发展议程中被认为是实现可持续发展的一个越发重要的领域。

媒介与信息素养正好呼应了世界领导人有关“充分利用新技术、大众信息源和网络资源的优势，赋予民众通过使用信息来实现发展目标的权利”的号召（联合国，2013）。目前教育已经在发生变革，即从关注招生和毕业向新知识和新技能的掌握，从教育新视角来看，掌握知识和技能的能力与就业率、工作技能和经济增长有着密切的联系（亚当斯，2012）。因此，在当前的情境下，采取更广泛的素养概念，并将之与教育和学习成果相联系是非常重要的。

第三节　媒介与信息素养发展的利益相关者、益处与相关要求

本节主要梳理和评价媒介与信息素养作为一个新型素养对知识社会构建的潜在益处，以及发展媒介与信息素养的具体要求。同时也依据评估实践中采集的数据，探讨和分析本评估框架的潜在应用和评估结果对未来进一步发展的作用。

说到媒介与信息素养的社会收益与发展要求，我们首先想到的是政策制定者与决策人，因为无论是在国家层面、地区层面还是国际层面，他们都是主要的利益相关者；其次是专业和机构层面的教育规划者和教师培训机构（见图1-4）；最后是机构/个人层面的教师，这包括在职教师和职前教师。本节结尾还将对其他如研究机构、社会团体、雇主和学生等利益相关者略作涉及。

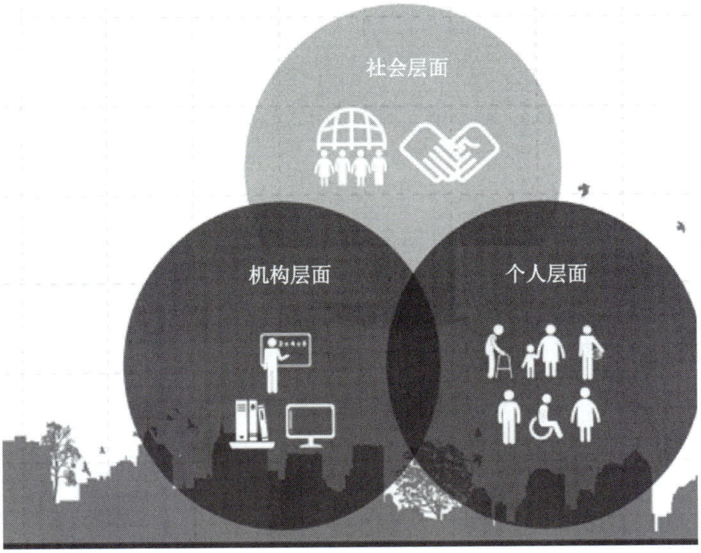

图 1-4　媒介与信息素养建设的主要层面

◎ 媒介与信息素养的益处与要求

媒介与信息素养被视为个人、社区、国家享有和行使人类最基本权利和自由的先决条件，特别是其在《世界人权宣言》中关于信息获取、表达自由以及受教育等权利的明确规定。媒介与信息素养与其他一切社会问题，如善治、问责、透明社会、应对贫穷、经济与社会发展等一样重要（联合国教科文组织，2013b）。

媒介与信息素养的主要益处

- 培养人们对人权和自由的尊重与保护意识，赋权于所有公民，帮助其做出明智决策。
- 面对信息、媒介以及信息与通信技术（ICT）对个人、社会以及职业生涯等方面产生的巨大影响，要向所有公民提供一个全方位的媒介与信息素养评估框架，培养具有批判意识的大众，让大众具备应对21世纪的新挑战、新风险、新威胁和新机遇的能力。
- 帮助公民提升意识，进一步理解和认知媒体和信息提供者在民主社会中所发挥的功能；帮助他们了解高效而有责任地实现上述功能所必备的条件。
- 帮助公民获得近用信息和媒介的基本能力，获得正确看待媒介和信息提供者所发挥的作用以及以有效、符合伦理的方式创造与分享知识的能力。
- 有助于从机构和个人层面提升媒介与信息素养，从而创建国家范围的良好环境。媒介与信息素养能力的增强需要有更好的媒介环境及高质量的媒介产品，如新颖的内容、社会服务、媒介产品以及就业信息、跨文化交流与对话，这一切必然有助于社会的可持续发展与人类的和平。
- 教师通过媒介与信息素养教育可以改善教与学的过程，培养年轻人的独立性、批判意识、反思能力，从而使其成为有效率、有创新、有知识的劳动者。

为了享用媒介与信息素养带来的益处，需要关注以下方面

- 单一素养或基础素养无法惠及所有的利益相关者，如决策者、教育规划者以及专业社团。
- 媒介与信息素养应该被看作由知识、技能和态度组成的一系列能力。
- 所有公民，包括社会边缘群体，如残疾人、原住民、少数族裔等，应享有同等的接触和使用信息与知识的权利，并有能力自由表达自己的心声和意愿。
- 创造良好的社会环境和培养公民具有良好的媒介与信息素养能力是建构知识型社会的基石。
- 作为知识的守门人，教师承担着赋权于年轻人的职责，应特别重视对他们的媒介与信息素养能力的培训。

媒介与信息素养评估框架：益处以及对受益人的附加值

> 媒介与信息素养评估框架是一种独特的衡量一个国家采取主动行动的意愿以及现有素养水平的自我评估工具。

从国家层面确定和度量一个国家发展媒介与信息素养的准备情况与民众的素养能力现状，应当是制定一个国家信息与媒介发展政策的重要组成部分。这种评估必须与教育规划相关，对国家的就业、生产力、革新、参与、赋权等问题能发挥作用。

评估是任何干预行为如规划、发展、监控、执行等系列流程中必不可少的第一步。它能够为政策决定提供有效可靠的数据，尤其有利于国家政策和战略的制定和发展，有利于相关规范和要求的建立。如果缺乏有效可靠的数据，政策制定者和决策人可能会对人们现存的需求、差距以及面临的挑战缺乏正确的认识。他们或许也会因为盲目而无法找到问题的有效解决办法，无法实现预期任务和目标。图1–5反映了媒介与信息素养评估框架中的主要利益相关者。

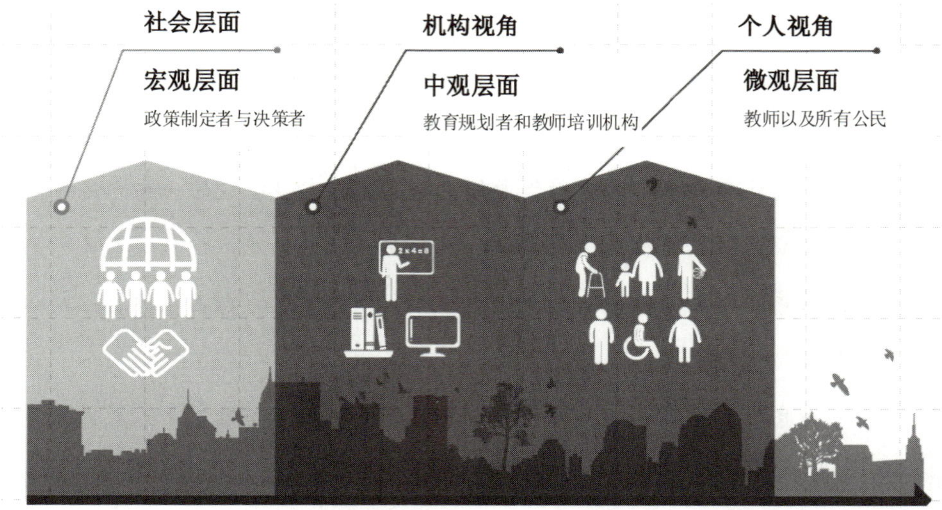

图 1-5　媒介与信息素养评估框架的主要利益相关者

媒介与信息素养评估框架中的主要利益相关者

- 政策制定与决策者，他们负责战略决策，并在教育、信息、媒介政策、信息与通信技术发展等问题上践行国际承诺。
- 教育规划者，他们负责教育政策的制定，最终把政策落实到正式或非正式教育环境中。
- 所有公民，尤其是在职或职前教师，以及从事收集和分析统计数据的国家机构。

媒介与信息素养评估框架中的次级利益相关者

- 专业团体，特别是图书馆、信息、传播、媒介、信息与通信技术等部门的专业人员，以及研究人员和民间社会团体。
- 所有的学生，所有的公民。
- 雇主和产业界。

◎ 政策制定者与决策者获得的利益与附加值

为了衡量一个国家的媒介与信息素养水平，联合国教科文组织意识到有必要给所有的成员国，尤其是政策制定者与决策者，提供适当的评价工具、一套方法以及指导方针，来帮助他们获得有效、可靠的数据，并使之服务于战略规划、发展、监控、执行等目的。这也是为什么联合国教科文组织在2009年倡导发展“全球媒介与信息素养评估框架”的原因。如今这个框架的建构已经完成。

> “大多数情况下，媒介与信息素养发展总是由于缺乏关于人们所处的社会和经济环境的基础数据而停滞不前。在所有发展过程中（从规划到实施）进行有力的监控和评估将有利于指导决策、关注重点、确保问责。”
>
> 《2015年后的发展议程》
> 巴厘岛高级小组会议公报
> 2013年3月

媒介与信息素养评估框架惠及政策制定者与决策者的主要方面

- 利用媒介与信息素养评估框架及其收集的实证数据，将在实现国家发展计划与履行国际义务的监测和评估阶段，为政策规划、制定和实施过程中需要考虑的一系列重要背景因素提供有价值的信息（教科文组织，2013b）。
- 政策制定者与决策人将被赋权以作出明智决定，制定有针对性的策略并为特定活动分配资源。
- 在评估中获得的信息也将增加所有利益相关者在国家层面对媒介与信息素养议题的理解。
- 通过评估得到的数据可以作为媒介与信息素养发展基线，因为一些国家通过媒介与信息素养评估收集到的数据将会发挥开拓性的作用。
- 在可靠事实和信息的基础上所作出的未来决策将会更具目标性、针对性和导向性，其影响也将是深远的。

◎ 教育规划者与全国性专业机构获得的利益与附加值

媒介与信息素养评估框架旨在为国家参与媒介与信息素养之行动提供来自个人层面与机构层面的信息，从而清楚了解国家的起点和国民媒介与信息素养能力之现状。[15]

媒介与信息素养评估框架对教育规划者与专业发展机构，如信息与传播专业协会、教师培训机构的主要益处是：

- 它会就成员国媒介与信息素养方面的能力发展状况以及相关现实环境方面的议题提供有价值的数据。
- 这些数据将对改善国家教育规划与策略起到积极作用，有利于制定国家媒介与信息素养能力标准，修正现有的专业培训项目，开发必要的资源与工具，进行院校研究，并为将媒介与信息素养融入教与学过程中提供支持。
- 这些数据有助于找出弱点，同时也有利于在不同科目中发现潜在的协作发展的可能性，这将有助于改善专业培训以及开发综合素养策略。
- 在评估测试中，如果把性别、年龄、能力、场所、经验以及任何领域所具备的专业性都考虑在内，将会产生不同的解决与行动方案。

◎ 在职或职前教师获得的利益

媒介与信息素养评估框架契合了联合国教科文组织关于确保每个公民（无论背景如何）都能获取、评估、使用、分享媒介信息，都能创造新知识，从而实现发挥个人最大潜力的目标。教科文组织相信，通过培养有媒介与信息素养的公民，将有助于实现一个国家的可持续发展，改善国民生活水平，增加就业、人均收入、国民生产总值，加快国家工业化以及基础设施的发展。媒介与信息素养通过提高人们的技能发展而增强他们的工作能力（Patidar, 2010）。

联合国教科文组织认识到教师在构建知识社会中的关键作用。为了教育和培养好走向未来的年轻人，应赋权于教师，重视教师的需求，并提供相应的支持。联合国教科文组织认为媒介与信息素养是21世纪必不可少的一种能力，因此，媒介与信息素养评估框架不仅仅为政策制定者与决策人、教育规划者或教师培训机构提供精确可靠的数据，还将为每位教师提供自我评估以及自我完善的工具。

◎ 媒介与信息素养评估框架惠及教师的主要方面

- 政策制定者和决策人以及教育、信息与传播领域的规划者或专业机构，通过掌握现存缺口（环境和能力方面）的有效而可靠的数据，可以有效干预并实施在职或岗前培训教师的再培训项目。
- 评估后，在职或职前教师将会对自己的个人能力水平有更好的认知。为了提高个人的教与学能力及跟职业有关的能力，他们会寻求或参与提高媒介与信息素养的特殊培训项目。
- 教师更能意识到媒介与信息素养对提高教学质量的作用和意义，并能在课堂上以及培训中加以积极运用。

◎ 次级受益人/目标群体获得的利益与附加值

媒介与信息素养评估惠及研究人员及民间社会团体的方面

- 通过掌握有效而可靠的数据，能够将媒介与信息素养的各个维度纳入研究、发展工具、各种项目和计划之中，也包含了公民意识的提升。
- 民间社会团体应该获得关于国家媒介与信息素养准备状况和能力起点的事实信息和数据，这些数据包含地方、区域和国家这三个层面。

媒介与信息素养评估框架惠及学生以及年轻人的主要方面

- 事实数据将聚焦于那些能将媒介与信息素养相关知识传授给学生和年轻人的教师们。
- 具有媒介与信息素养能力的教师将会帮助学生拥有批判及自主性反思能力，使他们能够做出独立自主的判断，并能够用这种思维去消费和生产信息、媒介内容和媒介产品，同时也能够让他们了解媒介与信息供应者如何在整个社会中发挥作用。

媒介与信息素养评估框架惠及企业及雇主的主要方面

- 基于事实数据而得到的研究结果可以用于设计与媒介、信息和ICT相关的新产品，制作新方案，创造新的社会需求。
- 转变培训年轻一代的培训方法，改变他们的学习方法，这将会对年轻人的未来产生长远的影响，如创造新工作、新产品与服务，因为劳动力市场将会随着媒介与信息素养水平的提高而变得更具有技术和知识含量。

媒介与信息素养评估框架的成功转型与应用以及对采自地区、国家乃至全球层面的事实信息的有效使用，主要依赖于国内合作者的媒介与信息素养的意识、资源、能力以及系统解决媒介与信息素养问题的承诺和意愿。与此同时，时间和资源的分配、观念的改变和新的管理技能也是必不可少的。

评估结果将会告诉我们当下环境的优劣势，指出媒介与信息素养教育融入培训项目的可能性，尤其是针对未来新教师的培训以及提升老教师的技能。评估的结果也会加强媒介与信息素养水平，并鼓励教育规划者以及教师把媒介与信息素养教育融入课堂，进一步增强合作互动、合作学习、小组学习，其中最重要的是鼓励教师和学生形成批判反思性思维。

媒介与信息素养评估框架旨在为一个国家的关键目标群体——教师——提供方法论指引和实用工具，以评估一个国家的媒介与信息素养准备情况和现有素养能力。将国家进步所需具备的必要元素进一步具体化，并为教师在教与学的过程中综合运用媒介与信息素养提供行动指南。最后，成功利用媒介与信息素养评估框架中所采集的事实信息，将有利于培养具有较高媒介与信息素养水平的公民，使其成为独立的、具有批判性反思能力的知识社会构建者。

第二章

媒介与信息素养评估框架

第二章共分四节，概述了联合国教科文组织全球媒介与信息素养评估框架的内容。

第一节首先总结了媒介与信息素养评估框架开发中所遵循的主要原则。其次，分析了评估框架中所采用的二层分析法（Two Tiers Approach）在衡量国家媒介与信息素养准备情况以及监测在职教师或职前教师的媒介与信息素养能力时的合理性[16]。最后，阐述了评估框架在国家层面的主要目标与结构。

第二节阐述了第一层级的具体内容——国家准备情况，包括用于衡量国家准备情况的主要分类指标以及媒介与信息素养发展中具有典型性特征的国家。

第三节阐述了第二层级的具体内容——能力。这一部分介绍了媒介与信息素养的能力体系以及公民素养能力评估的组成元素，尤其注重对在职以及职前教师的能力评估。

第四节总结了在第一层级与第二层级的综合评估下国家层面的媒介与信息素养评估所带来的附加值。

简而言之，第二章回答了第二个问题：

联合国教科文组织的全球媒介与信息素养评估框架到底评估什么？

第一节　媒介与信息素养评估框架简介

◎ 媒介与信息素养评估框架的主要原则

联合国教科文组织倡导制定媒介与信息素养评估框架，旨在为其成员国提供方法论指导，并用一系列的评估工具来帮助他们评估自己的国家、机构和个人层面的媒介素养水平。

以下是开发媒介与信息素养评估框架所遵循的原则：

可靠、有效的数据有助于明智决策

媒介与信息素养评估框架作为一个系统的数据收集工具，可以被教育机构、信息、传播、ICT等部门的政策规划者用于评估、规划、评价、监控目的。制定战略决策要基于通过可信的评估程序所收集的可靠且有效的数据。没有这些基础数据，很难确定我们的需求与所面临的挑战，也难以缩小任何差距。这些关于媒介与信息素养现状以及现有资源和能力环境的数据，对发展与采用合理的解决方案有很大的价值。因此，评估将会有助于改善规划进程和实施恰当的干预。

能反映现状的具有代表性、多样性的数据

制定适宜的政策和战略，采取具体的行动，需要依据具有代表性、多样性，富于变化并能够反映当前现实的事实信息。媒介与信息素养评估框架采纳了两层分析法（见下文）以获得这类信息。该方法基于这样一个假设：发展媒介与信息素养所需的环境会随着国家、区域、部门的不同而不同。公民的态度、价值观、知识以及技能决定其媒介与信息素养能力，不同的社会群体会存在差异，甚至在同一个社会群体中，性别、年龄、场所以及需求的不同也会带来差异。因此，通过使用不同的分析参数，媒介与信息素养评估框架希望提供具有代表性、多样性的事实数据以促进媒介与信息素养发展，并最终为社会文化、政治及经济发展带来预期的结果。

评估结果依据国家与地方环境的不同而具有相关性和迁移性

素养受到社会、经济、政治及科技发展的影响，同时也需要由社会机构（如家庭、社区、工作场所、宗教机构、政策制定者与决策人、工业、公民社会以及国家）来培养。素养不是始终如一的，而是会基于文化、语言的不同而随时发生变化。对素养的获得与使用的限制不仅仅体现在个体身上，也体现在关系、处境、模式、结构中，并且与不同生活环境下遵循的原则与实践密切相关。素养，不仅仅是不断变化的，也与行为相关。因此，社会文化环境对不断演化的素养概念的理解会产生巨大影响。为此，媒介与信息素养评估框架强调了社会文化环境对个人、社区、国家的影响，并鼓励成员国按照自己国家的水平使用评估工具。

实用且有成本效益的评估过程

使媒介与信息素养评估框架逐步适应国家发展现状，这不仅能够保证评估结果有利于国家议程、战略和计划的实施，以实现社会经济发展的目标，而且还能够保证资源的充分配置和高效管理。因此，媒介与信息素养评估框架是能够被重复应用和升级的实用工具。鉴于不同国家在信息与通信技术（ICT）和互联网的近用方面的不平等状况，采用多种评估模式，包括纸笔测试、纸笔和计算机混合测试，以及计算机自适应测试（将在第三章中重点探讨这一模式）。

◎ 媒介与信息素养评估框架的主要目标

媒介与信息素养评估框架的主要目标是："为国家政策战略的规划与发展、媒介与信息素养能力的提高、构建知识社会所需的具体行动等提供事实信息。"具体来说，媒介与信息素养评估框架旨在提供一种全方位的指导，以帮助评估一个国家的媒介与信息素养准备情况与公民现有的素养能力，尤其针对在职及职前教师的媒介与信息素养。反过来，这些将有助于各国掌握目前的发展进程以及资源消耗状况，并指导未来行动。

媒介与信息素养评估框架的其他目标

- 支持成员国履行诸如"千年发展目标"（Millennium Development Goals, MDGs）、"2015年后发展议程"（Post-2015 Development Agenda）、"全民教育"（Education for All）、"信息社会世界高峰会议"（WSIS）以及"互联网治理论坛"（Internet Governance Forum）与联合国教科文组织的战略导向所规定的国际义务。
- 加强国家在信息、媒介、教育以及与ICT相关领域政策和战略的发展、实施以及能力拓展。
- 为媒介与信息素养评估、教师培训和专业发展提供相关的、准确的和开放式的工具和资源，从而提高教育、信息与传播的质量及其应用能力。
- 在媒介与信息素养相关领域中，宣传、监督以及评估公民在能力本位学习上的状况、过程及结果，尤其针对在职及职前教师。
- 在国家层面，推进教育、媒介、信息机构以及其他利益相关者的工作进程。

媒介与信息素养评估框架的结构：二层分析法。

鉴于环境因素在个体、社区、机构、社会层面都存在差异，媒介与信息素养评估框架承认在能力、资源、基础设施、机会等方面都存在不同的水平。个人能力受到各种相互关联的环境因素的影响，包括现实生活、工作以及周围环境（见表2-1）。考虑到这些环境因素，“二层分析法”被认为是评估媒介与信息素养最恰当的方法（见表2-2）。因此，评估框架由两套指标组成。

第一层级：媒介与信息素养国家准备情况

该层级叙述了在国家层面上，一个国家倡导媒介与信息素养时的水平与能力。利用已有的来自国际、地区、国家的数据资源，形成一个国家的媒介与信息素养概况。这一层级由五个部分组成：（1）媒介与信息素养教育；（2）媒介与信息素养政策；（3）媒介与信息素养资源；（4）媒介与信息素养的获取与使用；（5）公民社会。

第二层级：媒介与信息素养能力

该层级包括公民所具备的媒介与信息素养能力及水平。其中，特别关注作为社会重要群体的在职以及职前教师的媒介与信息素养能力。在第二层级中，媒介与信息素养能力标准由三个与媒介与信息素养主题相关的成分组成：（1）获取与检索；（2）理解与评估；（3）创造与分享。[17]此外，媒介与信息素养能力是三个认知要素的结合，这三个要素分别是：态度（包括权利、原则、价值观、态度）、知识、技能。在复杂的环境中，如果将这些认知要素结合在一起考虑，其关联性会更强，因为其中包含了认知、元认知、非认知因素。态度、知识与技能涉及不同的议题、实践、工具以及行为主体，在媒介与信息素养评估框架中扮演着重要的角色，同样，这些要素在教与学的过程、就业以及公民参与及赋权等议题中也是不可或缺的。

表 2-1 媒介与信息素养分析模型

素养	能力	环境
情境性	权利/态度/价值观	技术
多元性	知识	社会文化
动态性	技能	政治经济

◎ 评估媒介与信息素养的二层分析法

采用媒介与信息素养二层分析法的原因如下：

首先，媒介与信息素养评估框架着力赋权于政策制定者与决策人以及教育、信息与传播领域的规划者，为他们提供关于媒介与信息素养现状的事实信息，以帮助其在媒介与信息素养议程上做出明智决策。在重点或缺口领域，这些数据可被用作计划干预、评估并进行资源分配。决策人、教育规划者以及信息与传播领域的专家也可以通过这些数据调整已有政策、决策、专业标准、课程与培训项目或发展新工具。

其次，媒介与信息素养评估框架不是分别对媒介素养、信息素养、信息与通信技术（ICT）、数字素养进行评估，而是通过确认某些横向能力，对个人/机构层面的媒介与信息素养进行评估。这就意味着，媒介与信息素养的评估指标不再是各项素养指标的聚合，如信息素养指标、媒介素养指标、信息与通信技术素养指标以及数字素养指标，虽然这些指标很可能会相互关联，但在概念上是完全不同的因素。本研究方法是基于这样的理念，即认为信息与媒介内容在社会经济发展的各个阶段都能被获取。尽管许多人因为信息与通信技术能力有限，或者没有这种能力而无法获取数字信息，但他们仍然可以通过传统的工具与方法获取信息并进行交流。然而，在当今的数字时代，低互联网连接率、落后的基础设施以及技能的缺乏等，将极大地限制个人与群体对信息的接收范围以及媒介的获取。为此，媒介与信息素养评估框架充分考虑到各种具体情况，根据各国和各地区的信息与通信技术或数字信息获取的水平、使用率及形式，提供不同的评估方法。

再次，根据现有环境、资源与基础设施对重要社会群体的能力进行评估。对在职或职前教师这类群体在个人/机构层面的评估结果，应反映出国家的环境状况，以促进良好的媒介与信息素养环境的形成（见图2-1）。教师作为知识的守门人，在构建知识社会的过程中扮演着至关重要的角色。教师通过指导、教授、训练未来的劳动者，促进社会变革，成为连接社会、机构与个人的力量。确保教师在媒介与信息素养领域享有必要的工具、资源以及具备相应的能力非常重要。为此，媒介与信息素养评估框架重点对在职与职前教师进行评估，但这一评估框架同样可以用来评估其他社会群体。

图 2-1　教师在社会中作为知识和技能的守门人和提供者的角色

媒介与信息素养评估框架不应该被看成是对教师能力进行的强制性评估。相反，在教师人口中进行分层随机抽样所得到的教师能力水平（见第三章），应该可以反映国家层面上整个系统的性能与可用的设备。此外，评估作为教师专业发展的一部分，有助于教师自我提高，尤其是当这些评估与针对教师的媒介与信息素养培训项目相关时。媒介与信息素养能力体系（见下文以及技术附件E）有助于开发以其他社会群体为目标的评估工具。人们通常认为，能力与环境之间存在正相关关系，也就是说，在更为有利的环境中，相应的，能力水平也就越高。相反，低能力水平被认为是媒介与信息素养环境较差所导致。

最后，联合国教科文组织强调，为教师营造一个有利的媒介与信息素养环境将有助于教师更好地履行职责，为学生提供更好的教学质量。同时，一个有利的环境会给媒介内容、媒介产品与服务创造新的机会，提出新的要求。这有助于确保信息资源、服务、产品以及整个社会的参与更多元、包容、多样，也能发展基础设施以及优化资源配置。同时，这将有利于提高透明度和责任感，以及完善不同利益相关方之间的对话机制。如果连教师都不具备媒介与信息素养方面的能力，很难想象学生或是其他人具备这种能力。

◎ 主要评估工具

媒介与信息素养评估框架提供国家评估工具，并对政策制定者、政治家以及更广泛的教育界认为重要的数据结果提供评价反馈（世界银行，2012）。表2-2是联合国教科文组织为媒介与信息素养评估框架提供的工具列表（见表2-2及第三章）。

表 2-2　媒介与信息素养评估工具

第一层级：媒介与信息素养国家准备情况	
背景调查的问卷模板	国家环境问卷
	教学机构问卷
	个人问卷
第二层级：媒介与信息素养能力	
媒介与信息素养能力体系	要素1：获取与检索
	要素2：理解与评估
	要素3：创造与使用
媒介与信息素养教师能力模型二[18]	基于纸笔考试的问卷

第二节　第一层级——国家准备情况

在媒介与信息素养评估体系里，“媒介与信息素养国家准备情况”是指一国在国家层面上为在媒介与信息素养领域采取必要的行动所做的准备状况。

相关的全国性数据有助于在整个国家内部以及在国家之间进行比较研究。在一国之内，并非所有公民都能够享受到同样的设施，这必然影响他们在媒介与信息素养相关活动中的参与度和贡献度。例如，城市通常比农村拥有更多的信息资源，首都比其他城市享有更多的诸如互联网、电话和广播服务等通信设施。

媒介与信息素养评估体系利用现有的国际、区域和各国的数据资源来建立一个国家的背景概况，这有助于各国在发展个人媒介与信息素养能力方面发挥主动性。在国家层面，应建立有利的媒介与信息素养环境，以促进个人媒介与信息素养能力的发展。如果缺乏良好的政策、基础设施和其他有利因素，教师将难以拥有资源——特别是能力——使学生具备21世纪的关键能力。

◎ 国家准备情况评估指标的主要分类

“媒介与信息素养国家准备情况”包含定性和定量的指标来衡量一个国家的准备情况。为了在国家层面建立有利的媒介与信息素养环境，下列五类指标被认为非常重要：

- 教育中的媒介与信息
- 媒介与信息素养政策
- 媒介与信息资源
- 媒介与信息的获取和使用
- 公民社会

前三类指标基本上依赖于政府行为。媒介与信息的获取和使用尤其与机构和个人有关。公民社会则更多与公共和私营部门的活力，以及国内其他发展合作伙伴有关。为了便于各国基于各自的情况使用这些指标，我们曾开发出一个用于收集建立概况所需的特定指标数据的问卷（见技术附件B、C、D）。

教育中的媒介与信息

全民优质教育被认为是可持续经济发展和健康社会的支柱，并有助于建立自由、共享和民主的社会。媒介与信息素养是成年人特别是学生应该具备的能够帮助他们在其社区或工作领域提高生产力的21世纪能力之一。对于社会来说，协助教师获得媒介与信息素养的基本知识和技能，并保证他们有充分的自信将这种素养传授给学生，将成为一项高回报的投资。2011年，联合国教科文组织开发了一套“媒介与信息素养教师课程”（联合国教科文组织，2011b），这一课程可被成员国选用或改编。其他培训项目、课程或工具也都对教师开放，包括信息素养（Horton，2013）、媒介素养、信息与通信技术（ICT）素养数字素养及其他类型的素养。各国应把媒介与信息素养作为中学教育中所应具备的必要能力而引进教师的培训课程及高等教育领域。对于不同年龄段的小学及学龄前教育，引进媒介与信息素养也应予以大力支持。

各媒介与信息素养计划中包含的变量：

- 在官方课程中有必修的媒介与信息素养课程（按国际教育标准分类），特别是在中学及教师培训课程里；
- 针对教授媒介与信息素养课程的教师的培训项目；
- 针对媒介与信息素养研究的专门项目（按国际教育标准分类）。

各国图书馆也在媒介与信息素养培训中扮演着重要角色。包括在国家公共图书馆、社区图书馆、中学和高等学校图书馆中组织上述培训课程的比例——也包括信息提供者，特别是网络信息或开放式远程教育，这些都会对国家的媒介与信息素养教育计划产生影响。

媒介与信息素养政策

只有了解各国的媒介和信息制度环境，才可能开展合理的比较分析。基于媒介与信息素养可通过重要的方式塑造教育、工作和社区环境的假设，有必要精心安排适用于这些环境的各类政策和策略（联合国教科文组织，2013b）。为确保系统地开展媒介与信息素养活动，有必要制定国家层面的媒介与信息素养政策与策略，这将从根本上决定其他促使全体公民能够获得媒介与信息素养的相关行动和环境因素。诸如其他引进教育、信息、媒体以及信息与通信技术（ICT）领域的政策和策略，通常有助于为媒介与信息素养发展建立有利的全国性环境。了解更多国家间或一个国家内媒介信息的制度性环境，包括与媒体多元化、专业标准、独立性及多样性有关的方面，将有助于形成具体的策略及行动（联合国教科文组织，2008a）。

媒介与信息资源

一个国家的法律体系决定了可供民众选择的媒介方式和信息质量。例如，禁止私人或公共运营商拥有的特定的传媒法律可以解释为什么在一个国家会缺乏独立的私人或公共媒体。其他法律可能会引入集中审查制度。这里的数据集中在覆盖全国范围的报纸和广播，包括公共、私营和社区等各种所有制形式，数据还集中在提供互联网服务的博物馆和图书馆。有关覆盖部分区域的媒体的数据，尽管在个人关注的层面是很重要的，但它无法提供全国性媒体地域分布的完整图像。

尽管每个公民都能够接触到全国性报道的媒体，但能否接触到覆盖部分区域的媒体对于公民所处的环境来说仍是一个重要因素。同样，互联网服务的潜在覆盖率（就覆盖人口的数量而言）是一个比网络服务提供商的数量更相关的指标。无论是供应端还是需求端，对全体民众来说，服务的可获得性和质量都很重要。这也适用于电话服务：电话服务的潜在覆盖范围（是否提供3G服务的固定电话和移动电话）比电话公司的数量更重要。开放数据与“大数据”现象也在日益改变着媒介与信息的资源，包括互联网过滤系统的应用。国家有关开放数据和资源活动的指标，特别是在开放教育资源方面，对预测未来媒介与信息资源的发展方向具有重要意义。

媒介与信息的获取和利用

媒介与信息的获取和利用是两个重要但截然不同的子类别。有文献认为，几项与获取信息与通信技术有关的全国性综合指标（例如，每千人口的移动电话拥有量、宽带普及率、收音机和电视机的家庭拥有率、印刷报纸发行量、互联网用户数、拥有互联网接入的家庭百分比、教育设施中的IT实验室数量、电力的家庭普及率等）得到改善，在评估一个国家的媒介与信息素养准备情况时是很重要的。一个国家评估的信息资源和ICT的可用性越高，对媒介与信息素养的需求越大，公民获取新的媒介与信息素养能力，以有效使用这些信息资源和ICT的预期需求也就越大提出了更高的要求。公民可能会在做出最终决定前进行多种与媒介与信息素养相关的活动——包括查阅不同的信息资源，检索、评价与比较不同的信息来做出他们的最终决定等。换句话说，需要使用与访问相关的指标来衡量受众所在区域的媒介和信息资源的可用性。这些设施的使用情况，以及在一个特定国家里信息资源的可用性和使用情况之间的差异都需要用指标来评价。这些对于政策制定者和决策者来说都至关重要，同时也能帮助我们解释媒介与信息素养的使用频率。

公民社会——“多元利益相关者主义”

非政府组织和社区组织、学术网络、专业协会，甚至包括私营机构在内的重要利益相关者都积极参与和支持媒介与信息素养领域的活动。他们在媒介与信息素养方面为公众提供培训，设计新的产品和服务，并倡导、促进和鼓励公众从事社会活动和成为不同的利益相关者的合作伙伴（多元利益相关者主义）。他们也为包括教师在内的社区成员提供有针对性的培训，培养其自主性。但具有挑战性的是，一个国家的评估团队很难采集到有关社会组织的相关数据。如果缺乏此类数据，在国家层面上，建议开始收集这些数据。

媒介与信息素养的国家准备模型

联合国教科文组织希望通过应用“全球媒介与信息素养评估框架”为其成员国提供文书计划和执行媒介与信息素养相关举措。这可以从三个主要方面来评价一个国家的媒介与信息素养准备情况（见图2–2）：

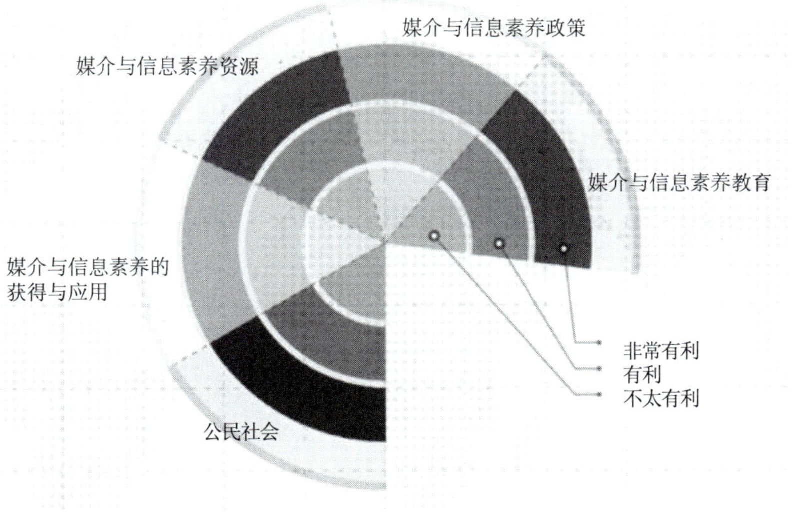

图 2–2　媒介与信息素养的国家准备模型

- 一个非常有利的环境：其中所有五个与媒介与信息素养环境相关的指标分类都在国家层面上得到很好的实现、发展与支持。
- 一个有利的环境：其中大部分媒介与信息素养指标分类得到实现、发展与支持，但需要在国家层面上进行更多的改进。
- 一个不是十分有利/不利的环境：其中大部分与媒介与信息素养相关的指标分类都需要在国家层面上进行重大改进，或者其中有些指标分类甚至尚未存在或者难以被观察到。

第三节　第二层级——媒介与信息素养能力

◎ 媒介与信息素养能力简介

在全球媒介与信息素养评估框架内，媒介素养和信息素养能力，与ICT和数字素养一起，组成一种横向整合的能力。这里所谓的能力是指个人为了在现实环境中有效解决特定问题而调动和使用内部资源如知识、技能和态度，以及外部资源（如数据库、同事、同行、图书馆、工具和仪器等）的能力。只有在特定的情境和背景下才能考察能力。这种能力可随着时间的推移而不断提高，并处于一个从简单到复杂的连续过程中。其中，内部和外部资源及现实环境是关键因素。由此组成的媒介与信息素养能力包括了人们知道什么（知识）、人们做什么（技能）以及人们怎样发挥他们的潜力（态度和价值）等可被考察的结果。[19]

联合国教科文组织鼓励在一国特定环境中培养具备媒介与信息素养的公民，尤其关注处于正式和非正式教育环境中的教师和教育者在教授学生媒介与信息素养之前的培训。如果教师具备了媒介与信息素养能力，同时媒介与信息素养政策、工具、资源和相关的基础设施建设到位并形成一个有利的环境，随着时间的推移，这些因素将会有助于建设一个知识型社会。

对教师进行评估主要是基于三方面的因素：（1）随着信息与通信技术的涌现和媒介的发展，信息的规模、频率和来源变得非常重要。学校应该培养学生应对这一快速变化的环境。（2）人们应发展更多的能力来充分利用知识社会的优势。在早期培养未来劳动力这方面的能力上，教师发挥着重要作用。(3)大多数国家的学校中都缺乏专门教授媒介与信息相关内容的教师（Karsenti et al., 2012）。但对于教育系统来说，确保所有学科的教师具备基本的媒介与信息素养技能和能力来帮助和指导学生已变得越来越重要。

◎ 媒介与信息素养能力体系

媒介与信息素养能力体系提供了媒介与信息素养能力的详细信息及其组成部分，用来评估个人和机构的能力（包括在职和职前教师）。该系统通过分层随机抽样的方法对教师人口进行采样，提供关于个人和系统层面的数据。这一工具也可用来分析其他社会群体的媒介与信息素养的需求和差距，以及后续活动的计划和成果，比如制定行动方案。媒介与信息素养能力体系包含五个部分，如表2-3所示。

表 2-3　媒介与信息素养能力体系的五个要素

媒介与信息素养要素	媒介与信息素养主题内容	能力	能力标准[20]	熟练程度[21]

媒介与信息素养的三个组成要素是与媒介与信息素养的主题内容直接相关的概括表述，如图2-3所示，其细节列在表2-4里。

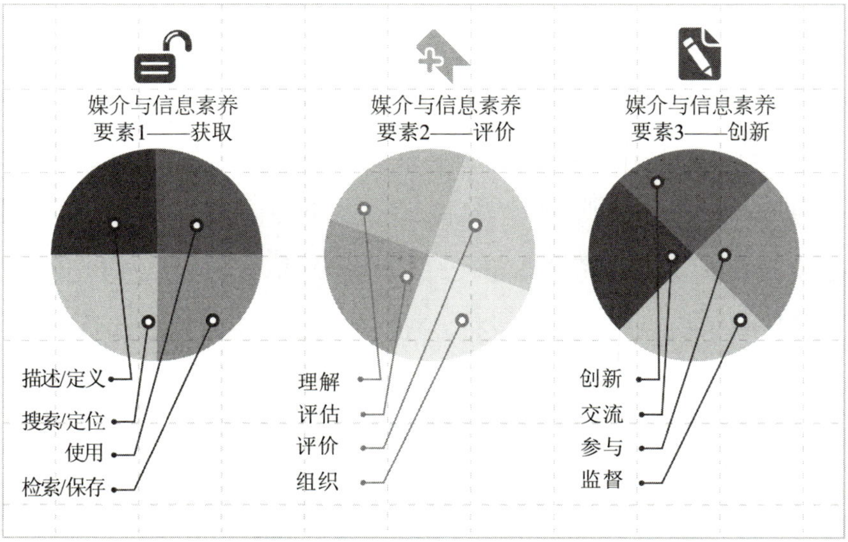

图 2-3　媒介与信息素养主题的各种要素

表 2-4　媒介与信息素养要素描述

媒介与信息素养要素	
要素一 获取	**甄别需求，能够搜索、获得和检索信息与媒介内容（要素1——获取）**[22] 媒介与信息素养的第一个要素非常重要，是指通过应用适当的技术获取、检索和存储信息与媒介内容的能力。它包括甄别所需信息、媒介内容和知识的能力，以及从包括印刷、视听和数字化的各种信息来源、格式中挑选出有用的信息来满足需求的能力。可以从图书馆、博物馆、个人文档或其他信息源中检索这些物理存储的或者电子化的资源。
要素二 评价	**信息与媒介的理解、评估和评价（要素2——评价）**[23] 媒介与信息素养的第二个要素是指在普遍的人权和自由的范围内对信息、媒介内容和媒体及信息提供机构的职能和作用进行理解、分析和评估的能力。这包括比较事实、区分事实和观点、了解时机（新的/新闻/旧闻）、确定突出的意识形态和价值观，以及质疑社会、经济、政治、专业和技术力量如何塑造媒介和信息内容，它还包括评估信息的质量（准确性、相关性、通用性、可靠性和完善性）。此外，在这个信息爆炸的时代，个人也需要具备组织、选择和综合各种媒介与信息的技术能力。了解媒体机构、媒体专业人员和信息提供者的性质、功能和运作方式，对于明白如何去解构信息和媒介讯息是很关键的。在更广的范围内认识到媒介与信息的作用也很重要，特别是在促进言论自由、信息自由以及获取信息方面的作用。这也有助于理解媒介与信息素养、公民权、民主以及善政之间的关系和影响。具备媒介与信息素养的人能够认识到经济、社会和政治力量，以及对媒体公司、信息提供者和公共机构的控制。
要素三 创新	**信息与媒介内容的创新、利用和监督（要素3——创新）**[24] 媒介与信息素养的第三个要素是指熟练掌握如何使用信息、媒介内容、新知识以及有效与他人沟通的技术的能力，也包括信息、媒介内容以及知识产权等知识的伦理和有效利用问题。具有媒介与信息素养不仅意味着要具备分析和生产技能，也需要具备媒介与信息方面的知识，以及以合乎伦理的方式使用媒介与信息以及信息与通信技术的态度和价值观。拥有媒介与信息素养的公民是能够参与和监督民主进程的人。21世纪提供了新的创新、变革与合作的方式：利用Web 2.0技术，每个能够充分获取和使用信息与通信技术的人都可以生产、共享、连接、监控信息和媒介讯息。因此，媒体产品和知识创新以及对其使用与影响监督都是媒介与信息素养的关键要素。

表2-5在三个宽泛的媒介与信息素养要素（总共12个）的基础上定义和提出了媒介与信息素养的主题内容。

表 2-5　媒介与信息素养要素及相关主题内容

媒介与信息素养要素	媒介与信息素养主题内容
1.能够识别需求，具备搜索、获取和检索信息与媒介内容的能力	1.1. 信息需求的定义与表述
	1.2. 信息与媒介内容的搜索与定位
	1.3. 获取信息、媒介内容，接触媒介与信息提供者
	1.4. 检索以及保留/存储信息与媒介内容
2.理解、评估及评价信息与媒介	2.1. 对信息与媒介的理解
	2.2. 对信息与媒介内容，以及媒介与信息提供者的评估
	2.3. 对信息与媒介内容，以及媒介与信息提供者的评价
	2.4. 组织信息与媒介内容
3.信息与媒介内容的创新、利用和监督	3.1. 知识的创新和创造性表达
	3.2. 以合乎伦理和有效的方式交流信息、媒介内容和知识
	3.3. 作为积极公民参与社会公共活动
	3.4. 监督信息、媒介内容、知识生产和利用以及媒介与信息提供者的影响

“能力”作为媒介与信息素养能力标准之一，用于描述个人的媒介与信息素养能力水平（见表2-6）。媒介与信息素养评估框架提出了12种与上述多个媒介与信息素养要素和主题内容有关的主要能力。需要指出的是，联合国教科文组织不是要设定一个媒介与信息素养能力标准，而是为其成员国提供建立本国媒介与信息素养能力标准的建议。

表 2-6　媒介与信息素养的要素、主题内容和能力汇总

媒介与信息素养要素	媒介与信息素养主题内容	媒介与信息素养能力 具备媒介与信息素养的人能够做到：
1.能够识别需求，具备搜索、获取和检索信息与媒介内容的能力	1.1. 信息需求的定义与表述	1. 从多种来源中判断和描述信息与媒介内容的本质、作用和范围
	1.2.信息与媒介内容的搜索和定位	2.搜索和定位信息及媒介内容
	1.3.获取信息与媒介内容，接触媒介与信息提供者	3.以有效、高效和合乎伦理的方式获取信息与媒介内容，包括接触媒介与信息提供者
	1.4.检索以及保留/存储信息与媒介内容	4.利用多种方法和工具检索并暂时保存信息与媒介内容

续表

媒介与信息素养要素	媒介与信息素养主题内容	媒介与信息素养能力
		具备媒介与信息素养的人能够做到：
2.理解、评估及评价信息与媒介	2.1. 理解信息与媒介	5. 理解社会对媒介与信息提供者的需要
	2.2.评估信息与媒介内容，以及媒介与信息提供者	6. 获取、分析、比较、描述并利用初步标准来评估检索到的信息及其来源，包括评估社会中的媒介与信息提供者
	2.3.对信息与媒介内容，以及媒介与信息提供者的评价	7. 评估和鉴别信息与媒介内容及其来源，以及社会中的媒介与信息提供者
	2.4. 组织信息与媒介内容	8. 综合与组织所收集的信息与媒介内容
3.信息与媒介内容的创新、利用和监督	3.1.知识的创新和创造性表达	9.为了特定的目的，以革新、合乎伦理和创造性的方式创造与生产新的信息与媒介内容或知识
	3.2.以合乎伦理和有效的方式交流信息与媒介内容和知识	10.利用合适的渠道和工具，以合乎伦理、合法与有效的方式交流信息与媒介内容和知识
	3.3.作为积极公民参与社会公共活动	11.与媒介和信息提供者以多种合乎伦理、有效和高效的方式沟通并进行自我表现、跨文化对话和实现民主参与
	3.4.监督信息与媒介内容、知识生产和利用以及媒介和信息提供者的影响	12.监督创造和传播的信息与媒介内容和知识的影响，以及监督媒介和其他信息提供者的影响

该实施标准用于指导能力的具体评估和基于能力的标准的制定。该实施标准详细说明了需要评价的内容和需要达到的相应表现水平，同时也详细说明了活动、技能、知识和理解力/态度这些为每项能力所提供的表现依据。每项能力都有一系列相关的表现标准。

媒介与信息素养评估框架提出的所有能力共有113个表现标准：

- 媒介与信息素养要素一：4项能力，与36个表现标准有关；
- 媒介与信息素养要素二：4项能力，与42个表现标准有关；
- 媒介与信息素养要素三：4项能力，与35个表现标准有关。

完整的媒介与信息素养能力体系见技术附件E，包括个人应该遵守的标准，通过展示来确定她/他在每个能力层次上的位置。

媒介与信息素养评估框架能通过评价熟练程度对各种媒介与信息素养能力进行评分：

表 2-7　媒介与信息素养熟练程度的评估框架

基础水平 拥有基本的媒介与信息素养知识水平、训练或者经验，但在有效利用方面还需要显著提升。它使个人能够：	中等水平 从媒介与信息素养的实践和训练中汲取了较好的知识和技能水平，但在一些领域内有不足。它使个人能够：	高级水平 从媒介与信息素养的实践与训练中获取了非常好的知识和技能水平。它使个人能够：
判断他/她的信息与媒介内容需求，使用简单的工具从容易定位和获得的信息源中确定和保存媒介内容。	确定他/她所需的信息与媒介内容的性质、作用和范围，以便从不同的且可能存在冲突的信息源、信息提供者以及媒介内容中确定和选择其所需的内容，遵守关键的法律和道德准则存储这些信息。	利用相关的和所需的不同工具，以系统、明确和有效的方式根据他/她的信息与媒介内容需求形成具体的策略和计划，以便从不同的来源搜索和获得信息，同时检索现有的信息以便进一步利用。
不具备清晰的评估准则，且对于主要原则、社会中的媒体与信息提供者的条件和功能以及信息和媒介内容的鉴别有限，在此情况下选择信息源。	分析和区分相关信息源和内容的质量和依据，理解对媒介与信息提供者的需求以及他们对社会的影响，但不能判别不同的视角，也不能为了进一步应用而存储选择的信息与媒介内容。	依据上下文和不同的条件进行应用、诠释、比较、批判性评价、验证和综合信息与内容，在可持续发展的社会、组织和社区中欣赏作者、媒介与信息提供者的工作。
利用基本的工具在没有进行充分综合的前提下组织和保存检索到的信息，并在未经关键评估或者在合乎法律和道德考量之前为有限的使用进行传播。	出于明确的应用目的，利用合适的渠道和工具以新的形式创造、生产和交流新的信息与媒介内容，在与他人交谈时具有有限的法律和道德方面的意识。	结合信息与媒介内容，创造和生产新知识，从社会文化方面考虑受众，以参与性、合法性、合乎伦理及高效的方式，以各种适当的工具和形式交流与传播信息，监督其造成的影响。

由于媒介与信息素养是一个隐含了多种潜在特征的概念，与单项能力的水平相比，整体概况更能反映其水平。在精心策划适当的政策前，可以通过建立这些概况来辨别不同人口区域间的强项与弱点。需要强调的是，一个人可以在某些方面表现得很好而在其他方面表现得差些。例如，一个人可以在与评估或理解媒介与信息提供者的作用（媒介与信息素养要素二）相关的活动中表现得很好，但在获取和检索媒介与信息内容方面表现一般（媒介与信息素养要素一），特别是只能从电脑或网络获取信息的时候。另一方面，个人在媒介与信息素养要素三方面的表现可能会与其他两种能力有关。图2-4、图2-5和图2-6所示为每种媒介与信息素养要素概况的例子。

进一步来讲，个人的能力水平受到个人和社会层面多重因素的影响。例如，特定国家内学生和教师的ICT素养水平可能与ICT在课堂和教学过程中的融合程度有关，也可能与国家在教育领域里的ICT政策的效果和实施程度、ICT的获得（在学校、家庭和其他地点，包括其连接成本）、教师和学生对ICT的熟悉程度等有关，也包括学生在学校或其他地方通过ICT进行的活动。

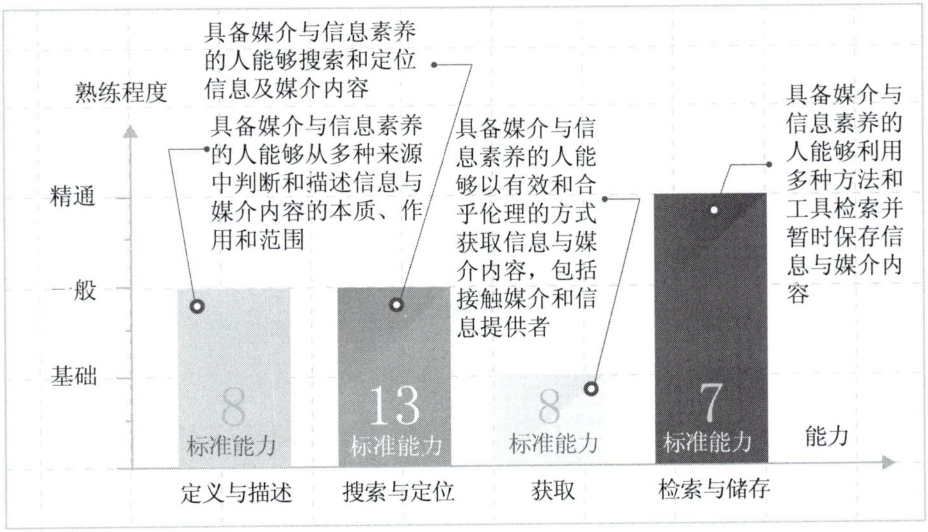

图 2-4　媒介与信息素养要素概况——获取

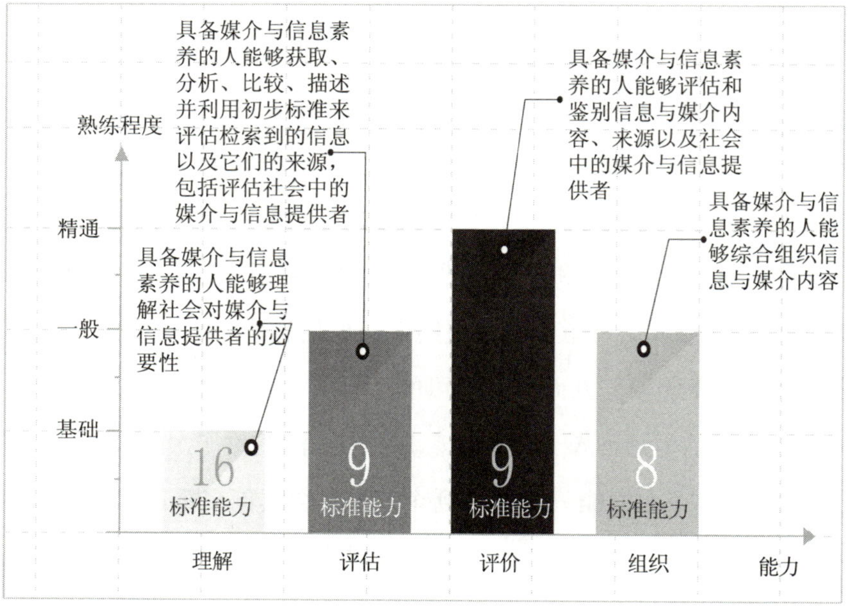

图 2-5　媒介与信息素养要素概况——评价

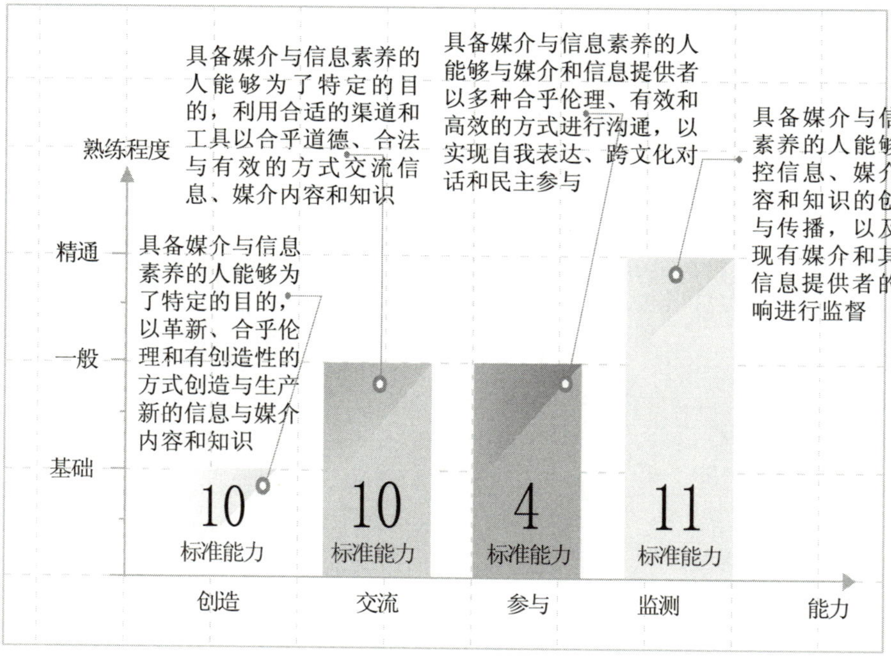

图 2-6　媒介与信息素养要素概况——创造

理论上说，媒介与信息素养是一种多维度的潜能，每种媒介与信息素养要素都被视为一项独立的潜能（Catts, 2010；联合国教科文组织，2011a）。因此媒介与信息素养需要进行多维度潜能的测量。理论上假设这些潜能相互独立的同时，数据也可能揭示出它们之间微弱的、可能被忽略的联系。

第四节　第一层级和第二层级综合评估的附加值

媒介与信息素养评估框架采用现有的国际、区域和国家间的数据资源建立一个国家的背景概况来突出对国家举措的衡量结果，这一结果将对个人的媒介与信息素养能力的发展产生影响。

我们应该在国家层面上建立一个有利的媒介与信息素养环境，以便在个人层面上发展媒介与信息素养能力。如果缺乏优惠的政策、环境、基础设施以及其他有利因素，个人将难以参与社会活动并在社会发展中发挥作用。例如，具备媒介与信息素养的教师将会拥有资源——特别是能力——使学生具备21世纪关键的媒介与信息素养能力和工具。

第一层级中的指标包括定性与定量的部分，用来衡量在政策和制度层面，在社会、教育和工作环境中倡导媒介与信息素养的准备情况。这部分指标包括一些宏观统计指标，用于测量媒介与信息素养中的三个元素：创新、传播以及接收媒介和信息。该层级中包括一系列既定指标。

第二层级中的指标关注个人和制度层面的媒介与信息素养能力，特别重视测量小学、中学和高等教育中教师的能力。如果采用分层随机抽样法，挑选出的教师将可作为正规教育系统的代表。

需要指出的是，我们需要一些体现数字时代整合媒介与信息素养的指标。这些指标旨在提供一个总体概貌，以体现当前所面临的挑战以及在国家层面所采取的措施。因此，联合国教科文组织的媒介与信息素养评估框架不会把不同类型的素养视为单独的潜质进行测试，而是确定那些横向能力及一个国家在媒介与信息素养方面的有利因素。

第三章

媒介与信息素养评估的方法指导

这一章为媒介与信息素养评估框架在国家层面的实施提供方法论指导，主要包括五个部分：

第一部分列举了国家层面实施评估体系的六个步骤，包括以下需要首先回答的重要问题：

◎ 教师的媒介与信息素养能力的评估最好由哪个机构来负责？

◎ 哪个或哪些机构能够代表国家教育体系？

◎ 是否需要成立一个国家指导委员会（National Steering Committee, NSC）来实施媒介与信息素养评估框架？

- 如需成立，这个委员会的职责是什么？
- 委员会应该如何组成？
- 如需成立，应该由谁来任命委员会的成员？

◎ 应该由谁来实施这项评估（比如负责教育的部门、公共考试机构、研究机构、大学相关部门、私人机构等）？

◎ 是否应该任命一个国家评估小组（National Assessment Team, NAT）？

- 如果需要，谁应该负责任命这样的评估小组？

◎ 其他国家有没有好的实践方式可以借鉴？在哪儿能找到合适的人力资源与财政资源？

第二部分提供了统计测量模型的相关信息，并指出将国家层面的分析结果进行国际比较的局限性。

第三部分着眼于发展具有成本效益的实施系统，并为基于浏览器的计算机测试系统提供建议。

第四部分为编码的编写、效度检验提供技术性指导，并为抽样方式提供具体建议。

第五部分为进一步分析和应用评估结果提供了方法，旨在据此提出一系列的行动方案。这一章节将尝试回答以下问题：

◎ 该框架将如何评估媒介与信息素养能力？又将如何处理评估结果？

第一节　适应国家层面的媒介与信息素养评估框架的主要步骤

适应国家层面的联合国教科文组织的媒介与信息素养评估框架可以分为六个步骤（如图3-1所示）。

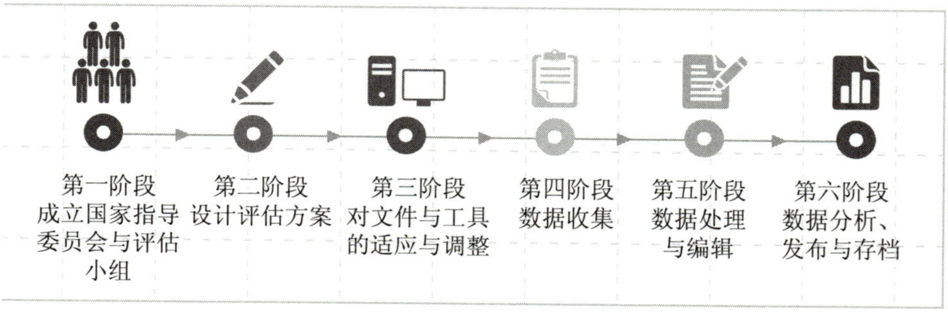

图 3-1　适应国家层面的媒介与信息素养评估框架的建议步骤

值得注意的是，这些为国家层面实施联合国媒介与信息素养评价框架提供的步骤并不是固定不变的，而是象征性的，在具体实施的过程中需要根据每个国家的情况进行调整。

◎ 第一阶段：指定一个国家指导委员会和一个国家评估小组

强烈建议相关负责部门指定一个国家指导委员会和一个国家评估小组来负责以下工作（Greaney & Kellaghan, 2012）：

- 国家评估小组负责监督评估的设计与执行；

- 国家指导委员会与国家评估小组共同确保该评估能够受到政府机构、教师教育机构、教师组织和其他利益相关方的重视，并得到认可；
- 国家评估小组需要帮助确认评估中需要解决的关键政策问题；
- 国家评估小组在主要的教育利益相关方之间发挥沟通桥梁的作用；
- 国家指导委员会负责解决评估实施期间可能出现的行政和财务问题；
- 国家指导委员会负责处理可能来自政界人士或教师代表对评估的负面评价，比如调查结果的发表可能会引起反思政治职责的政治辩论，或者有教师代表可能会将评估视为一种问责制的新形式。

由负责教育与教师培训的国家主管部门组织国家和国际社会成立国家指导委员会，以代表主要的利益相关者。就国家方面来说，主要的利益相关者可以来自以下机构或组织：

- 负责信息、通讯、教育、信息与通信技术以及互联网、就业与文化的相关部门；
- 高校、信息与传播学部或系、国家统计部门；
- 图书馆协会；
- 信息管理机构；
- 博物馆和档案馆；
- 教育机构，包括培训信息与媒体专业人士的机构；
- 私营部门的代表，包括信息技术、电子商务、媒体行业等；
- 信息专业人员与民间团体。

◎ 第二阶段：设计评估方案

国家指导委员会或者国家评估小组要准备一份项目文件大纲，列出一个国家实施媒介与信息素养评估应该解决的首要的政策问题。国家评估小组从这些问题出发，制订工作计划。工作计划应该包括一个研究框架，并应该特别注意性别敏感数据和指标的设定。国家评估的细节以及评估教育成效的其他材料可以通过世界银行等途径获取，各个国家可以通过改编这些材料来适应自己国家的具体情况。[25]特别需要强调的是，这些政策问题既能在前期准备阶段提供帮助，之后也将指导数据分析（具体见第五阶段）。

设计国家层面的活动需要一个调整的过程，在这个过程中包括两个重要的组成部分：一是咨询所有的相关合作伙伴；二是与各合作伙伴合作设计项目文件，要体现活动的目标群体、人力资源、财政资源、时间、所需的基础设施等方面。

联合国将根据具体某一国家的需求和现有资源状况，为其提供媒介与信息素养评估框架等方面的帮助与培训，为该国如何采用评估工具提供有效的建议。此类培训将提高国家机构和个人的能力，有助于他们更好地理解媒介与信息素养评估框架，在实施过程中发挥领导作用。

实施模型的管理与维护

一个国家参与的成本取决于很多因素，要视每个国家的具体情况而定。不同地区文化的多样性、经济发展的差异性都会对所需资源产生相当大的影响。如果必须建立一种实施模型，并将文件翻译成多种语言，就需考虑因此而产生的额外成本。因此，是否采取行动取决于每个国家，各国需要在媒介与信息素养评估获得的利益和参与成本之间进行权衡。

为了鼓励各国落实媒介与信息素养评估，应尽量减少实施模型的管理与维护所需要的经费，同时必须确保建立一个高质量的媒介与信息素养资源库。

各国将基于本国的政策重点，选择适合评估层次的媒介与信息素养指标。在中学，尤其是小学，除了那些最小的国家外，如果进行国家层面的评估，各国都需要进行分层抽样，考虑不同的人口权重，以确保获取不同地区或不同文化群体的充足数据。为此，联合国教科文组织建议，应该在国家层面进行这样的抽样方案设计，以确保能最大化地利用所收集到的信息。为了使利益最大化，各国应该培养负责数据的管理、分析和传播的团队。

国家统计局（NSOs）将为所有技术性事务提供重要资源，包括问卷设计、抽样策略以及国家层面的资源如何采纳等。许多被纳入国家资源库中的项目可能已经由国家统计局在其他全国性调查中尝试和检测过，比如家庭使用ICT的全国性问卷调查。

◎ 第三阶段：国家层面对联合国教科文组织的文件与工具的适应与调整

在国家适应方面，联合国教科文组织为背景调查提供了典型的调查问卷（第一层级）和能力评估（第二层级）。

第一层级问卷主要收集三组数据：

- 国家背景（见技术附件B）
- 教师机构（见技术附件C）
- 教师个体（见技术附件D）

该媒介与信息素养能力体系（MIL Competency Matrix）被应用于媒介与信息素养能力的评估中，为第二层级问卷提供基础。联合国教科文组织将提供在职和职前教师的媒介与信息素养能力的评估工具。

鉴于各国发展阶段的差异性，联合国教科文组织建议应对问卷进行国家层面的适应与调整。本书附属的问卷中包括编制具体问卷的技术指南，并特别关注媒介与信息素养的相关专业术语。但事实上，一些不常使用的国家语言中没有进行评估所对应的媒介与信息素养专业术语。

◎ 第四阶段：数据收集

全国性统计机构会经常进行全国范围的家庭调查和人口普查。在调查时需考虑一些调查工作中的参数，以确保数据收集是成功的。而这些参数在各国之间存在差异，尤其是对于发展中国家与转型国家来说（联合国，2005）。[26]

选择合适的方式收集评估数据很重要，要采用数据收集工具这类支持手段管理问卷调查活动，并根据调查对象选择适宜的调查项目。要在决定采用哪种形式向调查对象呈现问题之前就解决这个问题。比如，ICT的普及程度可能使一种方式优于其他方式。

对于联合国教科文组织的媒介与信息素养评估来说，主要有三种可能的开展方式：

- 基于纸笔的测试（The Paper-Pencil Based Test，PP）。这是一种很普遍的测试工具，调查对象需要阅读问题，并写下答案。这种方式对于不方便使用电脑、不方便使用互联网连接进行测试的国家，或者目标人群对ICT不熟悉的国家来说易于接受。但这种方式的弊端在于调查者需要将调查对象的回答输入数据库中，在这个过程中可能出现错误。
- 计算机固定测试（The Computerized Fixed Test，CFT）。这是基于纸笔测试的数字版本。与纸笔测试相比，这种形式具有数据处理速度快的优势。这种形式在某些情况下是融合方法的一部分，比如通过光盘或移动存储设备进行的测试，或者是基于纸笔测试的一部分。
- 计算机自适应测试（The Computer Adaptive Test，CAT）。这是一种管理测试的方式，能够检测调查对象的水平和前面的反馈情况，并据此调整调查选项。这种方式在很多高风险的教育性测试或人事测试项目中大受欢迎。这种调查方式与基于纸笔的调查方式差别很大。

能力测试的特点与可能有限的财政资源，使各国不得不采取务实的方法。表3-1对比了计算机固定测试（CFT）与计算机自适应测试（CAT）这两种方式：

表 3-1　计算机固定测试（CFT）与计算机自适应测试（CAT）对比

实施方式的特点	计算机固定测试（CFT）（包括基于纸笔的测试）	计算机自适应测试（CAT）
资源库规模	特别小	大
测试范围	固定的	固定的或可变化
初期开发	适度的努力	大量的努力
预先测试项目	容易掌握	容易掌握
测试成本	适中	相对于传统测试成本较高

资料来源：Parshall et. al.（2002）.

对于媒介与信息素养评估框架来说，在没有最低水平限制的能力测试中，或者对测试目标教师的计算机应用最低水平没有限制的情况下，需要采用纸笔测试。即使有的调查对象不会使用电脑，也并不能说明该调查对象缺少信息与媒介素养；因为他们可能在其他决定媒介与信息素养的标准方面表现非常好，所以也被判断为具备媒介与信息素养。比如，受访者能够评估来自广播和电视的信息，阅读纸质报纸，并系统地评估信息的质量。

同样，也有一些教师并没有接受过媒介与信息素养方面的正式培训，但都通过自学具备了相关能力。换句话说，一些人或许没有接受过使用电脑的培训，没有人教过他们如何浏览互联网和检索信息，但他们确实学会了这些技能，因为他们在某些场合或在日常生活中需要这些技能。技术附件F中列出了计算机自适应测试的优点。

◎ 第五阶段：数据处理与编辑

一旦收集到数据，通常需要对数据进行检测（通过手动或自动的方式），以纠正数据中出现的错误，并检测调查对象提供的答案是否具有一致性。然后，这些校正后的数据将被输入到处理程序中，再次进行手动或自动的检测，以确保数据格式正确，能够进行分析。在某些情况下，例如进行计算机自适应测试或者基于计算机的测试，一旦调查对象输入了自己的答案，调查人员就不需要再次输入数据了。在这种情况下可以融入一些算法，或设计一些程序，能够自动控制数据的一致性，从而节省时间，并尽可能减少数据输入的错误。

◎ 第六阶段：数据分析、发布与存档

从政策问题到分析

在研究进程之初建立的分析框架将决定数据分析的方式（参见第二阶段：评估计划的设计）。尤其是国家层面的合作伙伴，将围绕一开始由关键部门，如国家指导委员会（NSC）和国家评估小组（NAT）制定的各种政策问题进行分析（参见第二阶段：评估计划的设计）。这些政策问题还将决定特定事务所需要的背景信息的类型。

为了制定背景调查方面的问卷（见技术附件B、C和D），我们提出以下政策问题作为例子进行探讨：

- 国家层面现已具备的条件是否有利于公民获取媒介与信息素养能力，尤其是教师（包括男性与女性、在职与职前教师）？这么多年来条件是否有所变化？
- 对于教师（包括男性与女性、在职与职前教师）来说，媒介与信息素养能力有多重要？

- 个体，尤其是教师，是否具备所要求的媒介与信息素养能力，以使学生能够为参与知识社会做好准备?

性别敏感问题的分析

对于国家政策和国际组织项目来说，性别敏感问题的指标和分析非常重要。评估报告需要确定有关性别问题的要素，并加以强调。这些评估结果有助于在开展媒介与信息素养相关活动时，采取更多的针对性别问题的行动，并且有助于将性别观念主流化。与性别有关的测评能够帮助改善国家层面的性别平等状况，为一些项目采取有针对性的措施提供有证可循的信息。因此，联合国教科文组织鼓励各国确保将性别维度，以及年龄、住址（比如城市或农村）等变量纳入分析中。

评估工具的可获得性

评估国家小组还必须确保所有潜在的调查对象都能够获取评估工具。这些工具的设计应符合国家或联邦法律法规中关于信息可获得性的相关规定。

表 3-2 媒介与信息素养评估框架国家适应战略概述

国家评估小组	评估方案的设计	国家层面对文件与工具的适应与调查	数据收集	数据处理与编辑	数据分析、传播与存档
1.1国家指导委员会 1.2国家评估小组（NAT） 1.3资助机构	2.1项目文件，包括优先考虑的政策问题	3.1媒介与信息素养评估工具——模式问卷（NAT）： A.背景调查(第一层级)： 1.国家背景数据 2.教师机构 3.教师个体 B.教师能力的评估问卷（第二层级）	4.1选择实施模式： A.基于纸笔的测试（PP） B.计算机固定测试（CFT） C.计算机自适应测试（CAT）	5.1数据手册条目、编辑和评分	6.1评估报告

续表

国家评估小组	评估方案的设计	国家层面对文件与工具的适应与调查	数据收集	数据处理与编辑	数据分析、传播与存档
1.2国家评估小组	2.2工作方案	3.2管理手册和报告工具的设计	4.2抽样框架： A.教师机构 B.在职教师与职前教师	5.2对数据处理人员进行培训	6.2行动方案
		3.3开发调查人员的培训资料	4.3数据收集的说明书： A.调查人员 B.监管人员		6.3资源库的维护和更新（包括PP，CFT，CAT）
			4.3对调查人员进行数据收集的培训	5.2对数据处理人员进行培训	6.4存档
			4.4准备评估报告与政策的分析指南		

第二节 统计测量模式

为了做出明智的决定，确保评估工具的效度与信度是非常重要的。就像诸多文献所证明的那样，媒介与信息素养并不是一种单一潜能（Catts, 2005; Dunås, 2013; European Commission, 2009; UNESCO, 2013a）。有一些研究认为，“测量学生对某一种特定技能的掌握程度仅仅通过小分（sub-scores）即可，即使用数据统计功能非常先进的认知诊断模型，对量表、耦合与题库建设（scaling, linking, and item banking）进行一定程度的控制，这些是简单方法所不能提供的”（Chang, 2012）。同时还有一些基于多维度测量模型的项目选择算法（Wang, Chang, & Boughton, 2010; Wang & Chang, 2011）。

在各种次层级（sub-scales）之间可能存在很高的相关性，这种相关性可以用来减少题库的题目总数，也可以减少每个调查对象需要回答的题目数量。如果仅需要获取调查对象群体的数据，那么将进一步减少进行可靠评估所需要的题目数量；因为对群体进行评估远比对个体进行可靠评估所需要的题目少。然而需要注意的一点是，只要条件允许，在一项特定调查中，应该对所有群体使用同样的问题项（假设这些问题项经过测试证明是有效的）。否则，不同群体或不同行政区域的调查结果可能无法相互比较。

首选的测量方法是多潜能模式（the multiple latent traits model）。这种测量方法能够将受访对象置于媒介与信息素养熟练程度的连续体中，使用潜能模式也符合之前提出的建议（Catts & Lau, 2008, p. 8）。这种方法不需要个体回答太多过于简单或超出能力范围的题目，就能够辨识出个体媒介与信息素养水平的层级。潜能测量模式的替代方案是经典理论测试模式。

由于每个调查对象群体都需要有适合其媒介资源获取情况、受教育程度和学习需求的标准，因此，规范性报告的实际用途是非常有限的。实际上，标准参照报告的方法需要制定一系列的标准级别，这些标准要涵盖媒介与信息素养从基本概念到高级使用等各个层面。由于各成员国的政策目标是提升媒介与信息素养水平，因此，固定不变的标准参考点与持续提高媒介与信息素养能力的目标是相互冲突的，需要不断修改与调整。

潜能模式可以应用于多种平台的计算机测试系统，从而适应各成员国数字技术发展的不同水平。这一模式可以使用基于网络的平台（网络计算机）交付系统，或在较不发达的环境中，通过基于光盘的系统进行传播，而不需要借助网络。因此，我们建议采用多潜能测量模式对那些独立结构进行测评，以与媒介与信息素养第二层级隐含的内容效度相一致；还可以将这一模式运用于测评需要进行统计分析确认的那些独立潜能。

为了获取所期待的结果，各国在适应与调整联合国的媒介与信息素养评估框架时，需要对测量方法进行一些创新，但这些创新必须具有理论上和技术上的可行性。

利用结果进行国际比较的局限性

鉴于文化多样性、语言翻译时概念的对等或者同一种语言不同的方言等各种原因，即使测评工具的设计和统计分析都具有较高的质量，也难以确保国际比较的有效性。即使在同一个国家内进行次国家层面的比较，如果该国的文化具有多样性的特点，也会存在类似的问题。联合国教科文组织在构建国际评估框架时面临相当大的挑战，因为设计该框架的目标是能够在不同成员国内得到广泛的使用。如果无法保证必要的条件，如术语概念的对等、测量模式、语言因素、抽样设计等，在进行精确的国际比较时则可能会产生适得其反的效果（Osborn, 2006）。

第三节　具有成本效益的评估实施体系

◎ 考虑实施评估体系的成本效益问题

媒介与信息素养评估框架要求建立进行评估与数据分析的信息与通信技术平台。考虑到在新兴经济体中很多人的信息与通信技术有限，联合国教科文组织提出了代替信息与通信技术实施模式的方案，从而不需要顾虑公众的信息与通信技术水平，就能测量所有公众的媒介与信息素养能力。像上文中所提到的评估实施模式的替代方案包括纸笔测试、基于电脑的测试以及综合使用电脑与纸笔的测试。其中最优方案是计算机自适应测试（CAT）。

附件B、C、D给出了进行背景调查（第一层级）的问卷模型。在不久的将来，联合国教科文组织还将为国家合作伙伴提供基于纸笔的问卷模型以评估教师的能力（第二层级）。

图3-2展示了评估实施方式的选择如何影响媒介与信息素养评估的范围与规模。所选模型将定义：

- 系统的开发与维护所需资源；
- 调查对象或测试者的数量；
- 使用其他工具的数据信息量（从小到大），比如手机和平板电脑。

尽管基于纸笔的测试模式在测评之初需要的资源较少，但可能在后期对调查对象或测试者进行评估、数据收集和数据分析时存在很大的局限性。相比之下，计算机自适应测试需要更多的初始资源，尤其是需要进行大型题库的开发与维护；但从长远来看，这种模式还能够收集到其他类型的数据，如完成既定任务所需的时间，并且在测评调查对象或测试者的表现方面具有更大的灵活性。这些特点有助于将测评扩展到新活动中（见图3-2）。

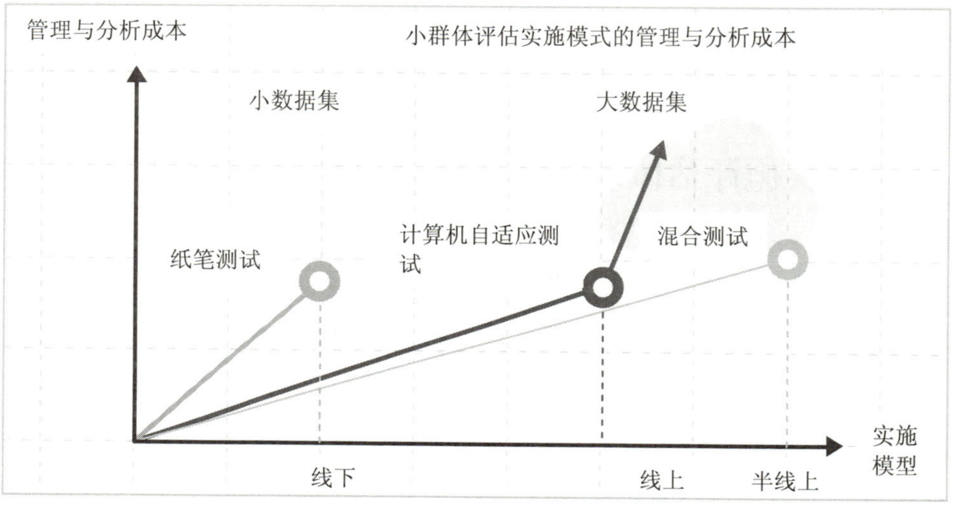

图 3-2 评估实施模式的选择及其对媒介与信息素养评估规模、范围与成本的影响：设计与开发成本

需要注意的是，计算机自适应测试与纸笔测试有很大的不同。使用传统的测评模式，所有调查对象面对的都是同样的问题。相反，计算机自适应测试能够根据调查对象对前面问题的回答判断每个人的能力水平，从而给出适应调查对象能力的不同题目。使用这种模式最主要的一个优势是能够提供更有效的潜能检测，调查对象需要回答的题目远比纸笔测试要少（Wainer, 1990; Weiss, 1982）。

由于每个人收到的电脑自动生成的题目不同，因此计算机自适应测试具有较高的管理成本效益，适用于利用片段时间进行小群体测试（见图3-3）。这为管理者与调查对象在测试时间安排方面提供了更大的灵活性，减轻了组织大型测评的行政负担。

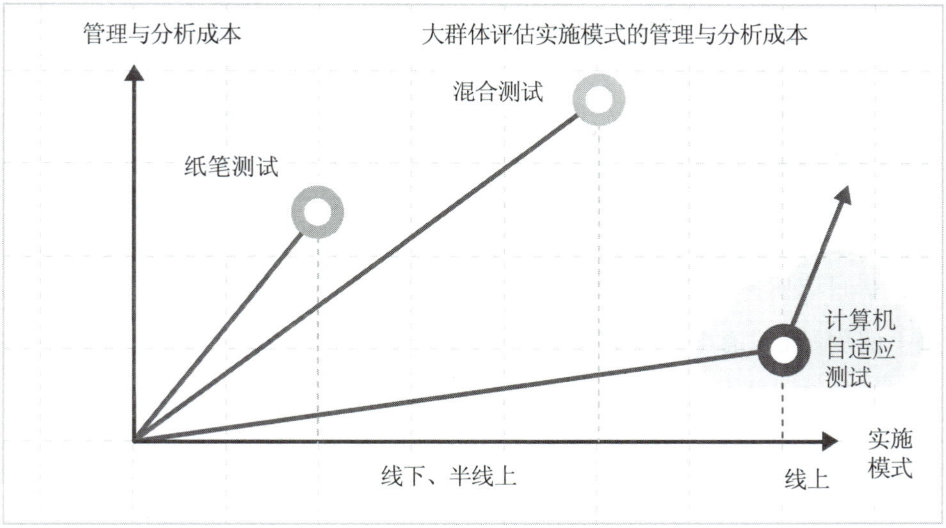

图 3-3　评估实施模式的选择及其对媒介与信息素养评估规模、范围与成本的影响：大群体的设计与管理成本

计算机自适应模型的应用有助于区分媒介与信息素养第二层级能力各亚组成部分的熟练程度。认知诊断计算机自适应模式（Cognitive Diagnostic CAT, CD-CAT）可用于对调查对象在第二层级属性列表上各项指标的掌握水平进行细分（Chang, 2012）。这种基于计算机管理的自适应方法能够根据调查对象先前的回答挑选题目，因此效率更高。使用这种方法可以记录每一位受访者通过信息与通信技术搜索、存储、获取信息的路径，从而既能了解人们知道什么，也能了解人们做了什么。这种方法能够帮助决策者了解人们对媒介与信息素养的认识，以及人们如何使用信息与通信技术来完成相关任务，从而为政策的有效性提供信息。使用这种方法还能了解受访者的表现以及潜在的态度、知识与技能，能够解决能力评估的一个核心问题。社会与技术的快速发展产生了巨大的影响，这要求每一个个体既要理解媒介与信息，也要具备媒介与信息素养能力以适应这种急剧的变化。

在使用计算机自适应模式进行测试时，无须在尚未获知调查对象能力的情况下就将所有问题抛给调查对象；而是可以通过一种算法，根据调查对象在测试中的表现选择相应的问题。但为了实现这种效果，必须有特定的软件用来开发、测试和校准一个大型题库。另外，考虑到要根据特定国家的政策补充相应的题目，因此必须调整软件的设计以适应不同国家的状况。

最后需要注意的是，选用测评方法时，须适应不同国家以及一国之内不同地区之间在数字技术应用方面的发展水平的差异性。比如，尽管大部分发展中国家的大城市都拥有互联网，但一些农村地区可能没有电力供应保障。计算机自适应测试既可以通过网络实施，也可以通过存储设备在独立的电脑上使用。在没有电力供应的地方，可以使用太阳能智能手机进行媒介与信息素养评估。媒介与信息素养包括使用广播、电视和印刷媒体的能力，而对于网络信息检索能力来说，除非应用数字平台进行评估，否则不能被包括在内。

基于浏览器的媒介与信息素养评估体系的注意事项

利用互联网的先进技术，联合国教科文组织开发了一套基于浏览器的测试应用程序（如图3-4所示：混合和CAT模式），这使得其成员国不需要再去设计和维护自己的测试应用程序。就工具的开发和维护来说，这样可以节省一大笔费用，有利于媒介与信息素养评估体系成为一项高效的政策资源。如果互联网访问受到限制，则应提供CD-ROM版本，也可以完成模拟搜索过程。CD-ROM版本可以产生由受访者评估的结果，也可以根据需要被存储或者检索，与在线版本的情况一样。

在有网络连接的情况下，包括使用智能手机连接网络，Web2.0的网络环境也可以支持跨平台交互。这就意味着，在一个国家地区间的计算机水平存在差距的情况下，政策制定者可以采用适用于当地的基础设施水平的测试模式。联合国教科文组织所提出的“CAT”系统可以在Windows、Mac 和 Linux的平台上运行。几乎可以将所有连接到互联网的电脑作为媒介与信息素养指标的站点。这样做所带来的效果是一些国家和地区可以充分利用现有的电脑和网络设备，而无需额外的费用。此外，由于交互测试的唯一要求就是网络连接——网络接入点在迅速地增加——可通过浏览器和CAT系统服务器实现移动测试。成员国也可以选择基于只读光盘驱动的版本进行测试。

同样，在一些发展中国家，或者是正处于转型期的国家，在一些很少甚至几乎没有互联网接入的地区，或者没有足够的电力供应的国家，用纸笔进行测试就显得尤为必要。这就需要细致的技术指导，以确保使用纸笔所进行的测试和在首都或其他有网络连接的地区所进行的计算机自适应测试（CAT）设计采用的是同一个标准。这一体系如图3-4所示。

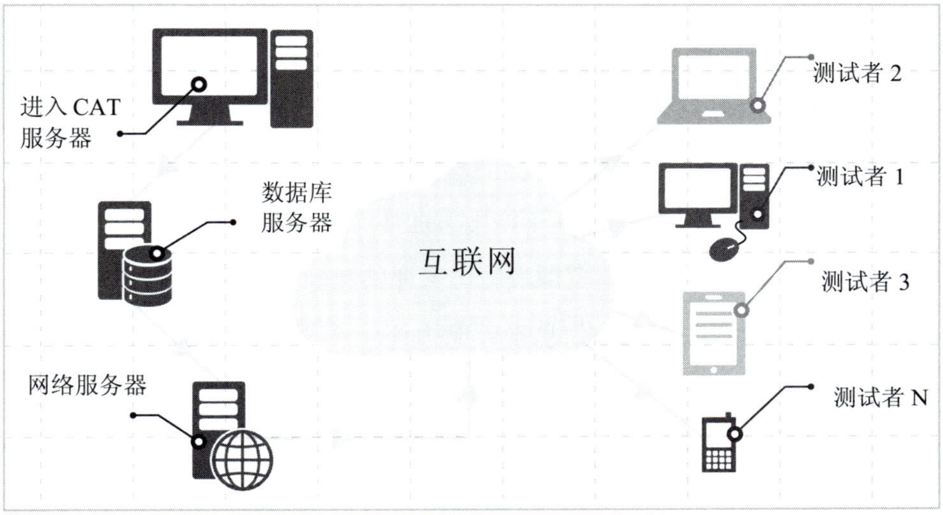

图 3-4　基于浏览器连接的计算机自适应测试系统（CAT）

第四节　技术指南

为了使用媒介与信息素养评估框架收集国家层面的数据，建议编制用于评估媒介与信息素养国家准备情况和教师能力的调查问卷，以适应当地的条件和环境。这些技术指南已经在不同国家的各个地区进行了测试，但需要重点指出的是，也可以利用其他资源进行国家评估测验。

本节将介绍二级媒介与信息素养能力评估框架的两个部分，并为国家适应和应用过程提供实际指导。

1. 题目开发技术指南

1.1　题目编写（Item writing）

1.2　重要关联（Critical incidence）

1.3　交叉验证（Cross-validation）

1.4　内容效度（Content validation）

1.5　结构效度和可靠性（Construct validity and reliability）

2. 关于国家适应和抽样范围的建议

2.1　社会文化适应（Social-cultural adaptation）

2.2　语言适应（Linguistic adaptation）

2.3　试题库维护（Item pool maintenance）

2.4 管理手册和报告工具的设计（Design of administration manuals and reporting tools）

2.5 抽样范围建议（Suggestions for the sampling frame）

1. 题目开发技术指南

题目库的编写和修订已经初步拟定，并包含一些以备不时之需的新题目。在不同的文化背景下，这一题目库必须行之有效，即使是在成员国国家内部也必须有效。它必须适用于农村和城市社区，男女老少，不同的语言、能力、宗教信仰和文化背景。为了确保内容效度和指标的可接受性，题目编写的过程必须具有包容性和可接受性，采用稳健的方法识别并消除文化和性别偏见。

对于适应过程，在此提供了两份文件：（1）媒介与信息素养能力体系；（2）评估教师能力的调查问卷模型。以纸笔的方式来评估在职和职前教师媒介与信息素养能力的问卷将在下文提及。需要重视的是，媒介与信息素养基体所呈现的能力要素不应该被视为线性的，而应以一种复杂的、多元的、情境的和动态的方式来对待。

图3-5所示为联合国教科文组织所采取的一些措施，以确保处于开发阶段的评估教师能力的问卷模型，其能力评估框架内容的有效性（第二层级）。

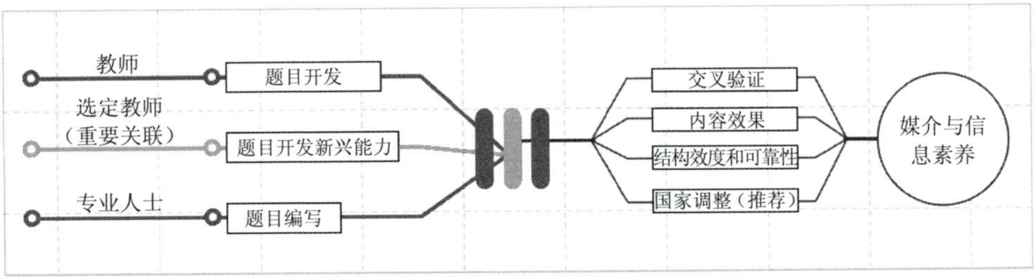

图 3-5 内容验证过程

为了确保媒介与信息素养评估的整体质量，各组成部分的质量保证至关重要。尤其重要的是要收集一些好的媒介与信息素养实践信息，这些信息可以来自小学、中学、大学或者学院的一些老师，以便开发适用于计算机测试的题目。为了完成适用于教师的大规模测试题目的编写工作，首先要对从这些分类中选出的个人或者群体进行访谈或观察。

1.1 题目编写

各国都需要举办一些线下或者线上的有关题目编写的研讨会，旨在对小学、中学和大学的教师代表进行培训。这些活动需要通过“关键事件访谈”（critical incidence interviews）来进行补充，可以从相同受训者中抽出成员组成小型的焦点访谈小组来进行。该方法可以识别那些不常见但是很重要的媒介与信息素养能力。此类罕见事例可能是对剽窃或欺诈行为的识别,但其中一些事件不会是显而易见的，无论如何，都需要真实事件作为评估的基础。

对参与者的初级培训应与题目编制保持一致，这样他们就可以对媒介与信息素养能力有相同理解，并完成任务。这包括使用背景调查问卷对有关媒介与信息素养的物质和数字资源进行检验（参见针对教师个体的第一层级背景调查问卷，见技术附件D）。应分别为小学、中学和大学的教育工作者举办培训课程。

为了确保能够覆盖第二层级的所有亚组成部分，题目收集好之后就需要由媒介与信息素养评估专家对这些题目进行编辑。如果一个成员国需要解决的不只是一个语言群体的问题，建议其通过题目制定组的一位或多位专家将所有的题目编辑成同一种语言。他们还能识别出明显的文化特征和性别偏见。

应采用系统的、全面的方法编写题目，以开发出大量的、多样化的行为所要求的一套综合媒介与信息素养指标。这是一个十分重要的发展阶段，因为没有媒介与信息素养行为的直接证据，这些指标在使用时就会受限。

1.2 重要关联——关键或新兴能力

在收集例子的过程中，对参与者的特殊要求是调查对象应具有媒介与信息素养或者来自教学相关的职业。为了确保能力是可以被识别的，焦点小组和媒介与信息素养教育专家要能识别新出现的一些的技能。这些焦点小组包括所谓的“关键事件”访谈，它们关注的是不经常出现但关键或新兴的能力。

1.3 交叉验证过程

针对交叉验证过程的有效方法应该是有条理的，负责初步题目编写任务的部分媒介与信息素养专家和教师会被邀请对题目的内容效度进行检验，并确认题目编写者编写的题目是否具有文化敏感性。鉴于这一原因，建议采用双向的内容开发和验证过程（如图3-6所示）。

第一阶段包括培训多样化的人员代表，让他们编写适合特定能力组成部分的题目。第二阶段包括培训其他参与者编写题目初稿并确定哪些能力要素适合整个框架。当双方观点达成一致时，这些内容被认为是有效的。建议在内容开发和验证之前，为题目编写者和验证人员组织一次小规模的培训课程。

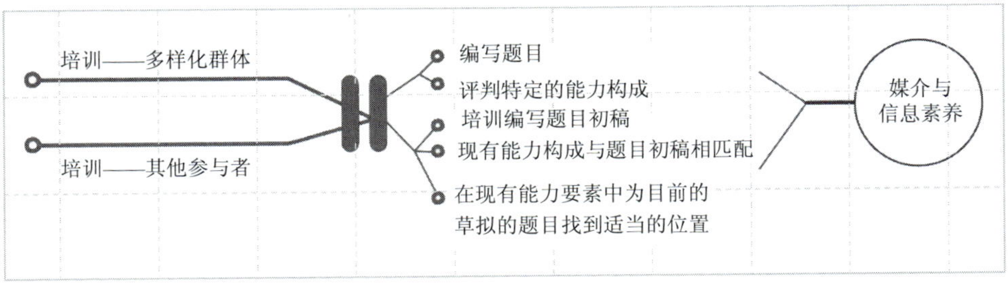

图 3-6　双向的题目开发与验证过程

1.4 内容效度

一旦有关题目的资料收集完成，就要将其编辑和翻译成当地的不同语言。如果这个国家的官方语言不止一种，那么就必须要检查内容的有效性和文化偏见。这就需要同行评审人员检查所提出的指标项，以确定针对于特定的技术、文化和社会环境的因素。

建立内容效度的下一步就是需要训练有素的受访者来确认有关媒介与信息素养能力的每个编辑项草案。建议所有的工作资源为基于信息技术的分析做准备，这样就可以节省印刷的费用，也可以让数据的收集更加高效。最好受访者来自之前题目编写的同一团队。他们来自相同的组别就可以为题目的编写提供反馈，尽管之前这些题目已经被题目制定的专家所润色和编辑过。这应该被看作是在最初的题目编写几个月之后再开始的一个独立过程。

验证任务分为两个并行阶段。首先，每个受访者都要预览各个题目，发现题目的相关性、文化偏见或者是模棱两可的地方。相关性将会由背景调查的访问层次来确定（参见第一层级：教师媒介与信息素养能力评估框架的调查问卷；第二层级：教师媒介与信息素养能力体系）。人们对媒介和信息资源的认识处于不同水平，通过识别他们相似的切入点，有助于区别试题库的后续使用。前期的检查也有助于发现一些细微的文化偏见，这些偏见可能是来自不同文化视角的专家根据测量理论难以察觉的。

受访者要指出媒介与信息素养第二层级的亚组成部分与哪些题目相关。训练有素的受访者的观点一致就可以验证内容效度，这可以极大地提高结构效度的统计分析任务的效率，以确保所选指标的质量，并在不同的文化背景下也具有可信度。这项任务将由不同目标层次的受访者来承担，例如小学、中学以及高等教育。

1.5 结构效度和可靠性

下一个研发阶段将涉及对试题库的管理，它需要有足够多的合适的受访者群体，这样才会收集到所需的分析数据，以用于确定试题的结构效度。基于前期题目开发的经验，这一阶段可能会确定试题库大约三分之一的题目，它们会产生一致的心理测试特点（produce coherent psychometric qualities）。经过修改的试题库将会验证结构和内容效度，这些数据也会产生对可信性的评估。

这一统计过程应该涉及矩阵抽样，人们会从试题库中接收到一组题目，包括核心题目，这样每个试题库里的所有题目的特征就可以相互参照（例如小学、中学、大学），不需要每个受访者都去尝试不可能完成的大量题目。这样，通过矩阵抽样就可以确定上千万题目的结构效度。

此外，还需要测试题目的差异性能。例如，如果所有受访者在一项任务上都表现得十分完美（100%），那么这对于区分不同级别的媒介与信息素养则是无效的。区别不同的因素和不同水平的媒介与信息素养能力需要保持题目的均衡。

2.关于国家适应和抽样框架的建议

2.1 针对社会文化适应的建议

联合国教科文组织全球媒介与信息素养评估框架的焦点是评估一个国家的准备状况和所有公民（尤其是教师）参与到知识社会中的媒介与信息素养能力状况。然而，在不同的成员国和各成员国的不同地区，必然存在一些特定的文化习俗，例如当地的习俗。指标会匹配媒介与信息素养的要素，这在不同的文化中都一样。各成员国应该充分挖掘媒介与信息素养中的细微文化差别，联合国教科文组织全球媒介与信息素养评估框架的定量指标不可能是全面而充分的，因此需要有其他的定性方法来补充。

2.2 关于语言适应的建议——一个双向翻译过程

如果题目要在不同的语言中运用，那么还应该有一个双向的翻译过程来确保语言交换中信息的一致性。一种语言编写的题目由会另一种语言的人进行审查有助于避免文化偏见。不同的翻译人员将翻译内容还原到第一种语言时难免会与原始既定的版本有差异。这些问题需要协商解决，包括需要有一位题目编写的专家，从问卷的结构和共享意义方面确保题目的完整性。

2.3 试题库维护（CAT）

一旦试题库建立起来，国家就要对试题库进行监管以确保任何时候都能使用。这是十分有必要的，因为科技、社会和经济的变化不仅会影响媒介以及信息与通信技术的使用，而且会影响信息加工和传播的方式。同样，随着时间的推移，各个国家和地区在社会和文化习俗上的改变也会影响试题指标的相关性。

如果在最初确定题目的时候就复制数据，相对来说，题目结构效度的审查成本会较低，这也是媒介与信息素养评估体系例行程序的一部分。然而，媒介与信息素养实践的变化也意味着试题的内容效度正在逐渐受到侵蚀，也需要进行审查，以便开发新的题目。开发题目的时间进程表依赖于社会和科技发展的速度，是无法事先预测的。尽管如此，人们可能会认为国家和联合国教科文组织应每5年进行一次结构效度的实质性审查，而试题的内容效度重审应该每10年进行一次。

制定指标的最大成本是固定的，也就是说，无论编写多少题目都需要这么多成本。这包括针对试题编写者的培训，建立CAT系统，针对政策制定者和课程实施者开发和实施的能力建设项目，以及如何使用指标的管理手册。编写试题库题目的成本是边际额外的费用，这是合乎情理的，因为大型试题库可以在维护最少的情况下频繁重复使用。

为了在大多数国家实施媒介与信息素养二级指标，需要执行以下任务：适用于小学、中学和高等教育。这意味着要同时考虑所选课程的内容和级别。另外，需要在技术和职业教育以及培训之间进行可能的区分。教师教育项目就学位和时间长短来说也会发生改变。国际教育标准分类（ISCED）为各个水平的教育系统分类提供了指导。联合国教科文组织的数据统计研究所为国际教育标准分类组织提供了一个国家教育制度的概况。

应开发足够数量的题目，以便今后几年能够重复使用试题库。这样做可以减少以后每次管理试题开发和重新校正的成本。而且也需要大量的题目和基础设施来支持不同水平的数字传输、信息与通信技术和互联网的使用，这些可以运用媒介与信息素养一级指标来衡量。对于成员国来说，试题库应该具有充分的多样性，保障题目适用于以下几种情形：（1）接触电脑和网络受限的地区；（2）共享社区设备；（3）私人访问的网络资源。不同水平的信息与通信技术设备需要不同的实施系统来支撑CAT，例如互联网和基于CD-ROM的系统，同时也需要不同的数字系统使用方式来链接媒体和获得资讯。

2.4 管理手册和报告工具的设计（混合型和CAT测试实施模式）

应提供适当的行政文件，并在必要时提供行政和数据分析方面的培训，这样每个国家就可以管理自己的数据收集、分析和解释。这一方法需要在各国内部进行能力建设，并且对于测量结果的地方所有权来说也很有必要。但目前的文件没有提供管理手册和报告工具设计方面的详细内容。

2.5 抽样范围建议

为了获得媒介与信息素养指标的可靠评估，无须对中小学教师进行人口普查，而只需提供一个对数据进行系统收集的强大程序。在一个国家的调查中用这种方法来选择要包含的目标对象，对于实施媒介素养指标的程序、数据的解释和推理都具有深远的影响。如果这个国家所产生的数据要在今后的时间里在本国内进行比较的话，则取样框架必须是可复制的。

由于要从不同教育水平的众多个体中抽取所需数据，且媒介与信息素养指标随时间推移会产生变化，因此不能将这些指标用来测量某一特定教育水平的群体的媒介与信息素养。随着时间的推移，这些个体也会发展，他们的水平会发生变化或者退出教育体系。但是，如果抽样范围程序是可靠的且具有连续性的，在教育实践和经验中可以对同一等级的人进行实时比较。这对评价一个教育体系在实施发展人们的全球媒介与信息素养能力方面的政策是十分重要的。

决定抽样范围和样本大小的关键因素就是所报告的媒介与信息素养的水平。例如，有些国家希望监测接受培训的教师获得媒介与信息素养能力的情况。这样就可能需要获得每一个培训机构的普查数据，或者每一个机构的样本，来获取可信的指标。对于那些在职教师，数据的解释重点就会放在一个分区、地区，甚至是一个国家，需要对各个部分的教师进行分层随机抽样。样本大小取决于从不同种类教师中所获取信息的程度。大多数国家会按照性别、年龄、水平资质对媒介与信息素养能力进行区分。对乡村教师、区域和城市教师的分别评估对政策制定者来说可能是很有效的。

通过说明评估的置信区间，制定媒介与信息素养评估的精准度水平。这部分取决于政策制定者所关心的随着时间的推移，媒介与信息素养能力的变化状况。不同的国家可以按照其自身的政策需求来制定置信区间。其他影响样本大小的因素包括可用的预算、指标的统计质量、需要估算的媒介与信息素养的组成部分。一旦确定了进行分析所需要的最小的样本子集，样本范围所包含的评估人数就得以确定。对于成员国使用样本范围的建议可以囊括在媒介与信息素养评估框架的支持文件中。如果需要国际媒介与信息素养评估报告，至少需要指定抽样方法的级别。但这并不是一个烦琐的要求，因为大多数成员国需要对国内不同水平和地区的政策选择进行详细的分析。

在大国和联邦制国家，可能需要在抽样框架方面开展更多工作。由于这些国家中存在文化差异和行政分权，不同地区所采取的教育结构会有所不同，因此，从题目到样本，在问卷设计的各个方面都要考虑这些不同之处。这关系到之后的样本是不是足够大，以便能够分析这个国家不同地区的不同教育机构的教师的情况。全国性问卷调查通常使用分三个阶段抽取的分层样本。图3-7所示为一个国家如何从在职教师中选取样本。

图 3-7 在职教师抽样的三个阶段

第一阶段是选择行政区，比如地区、省份、区域、部门或下属部门以及分区等作为初级抽样单位（PSUs）。为了获得那些能够反映政策是如何影响某一特定社会群体的描述性统计，要有目的性地进行选择。或者，选择分层随机抽样，从中可以生成全国性预测数据。初级抽样单位被明确地按照地区和城区地位进行分层。第二阶段就是从初级抽样单位中选择样本学校，它们按照位置（城市、城郊、农村）和学校种类（公立和非公立）进行划分。第三个阶段就是教师的抽样。

如果采用分层随机抽样，样本既可以用于全国性的评估，也可以用于某一亚群体的评估，比如不同性别、语言和地区的群体。

第五节　媒介与信息素养评估框架结果的进一步应用

联合国教科文组织的成员国希望使用全球媒介与信息素养评估框架在有利的环境中收集数据，也用它来监测国民拥有媒介与信息素养能力的程度，尤其是在职和职前教师。所收集的数据可以帮助成员国监督媒介与信息素养相关计划的执行情况以及实施效果，及其在教育、信息与传播、信息与通信技术政策等方面的应用情况。

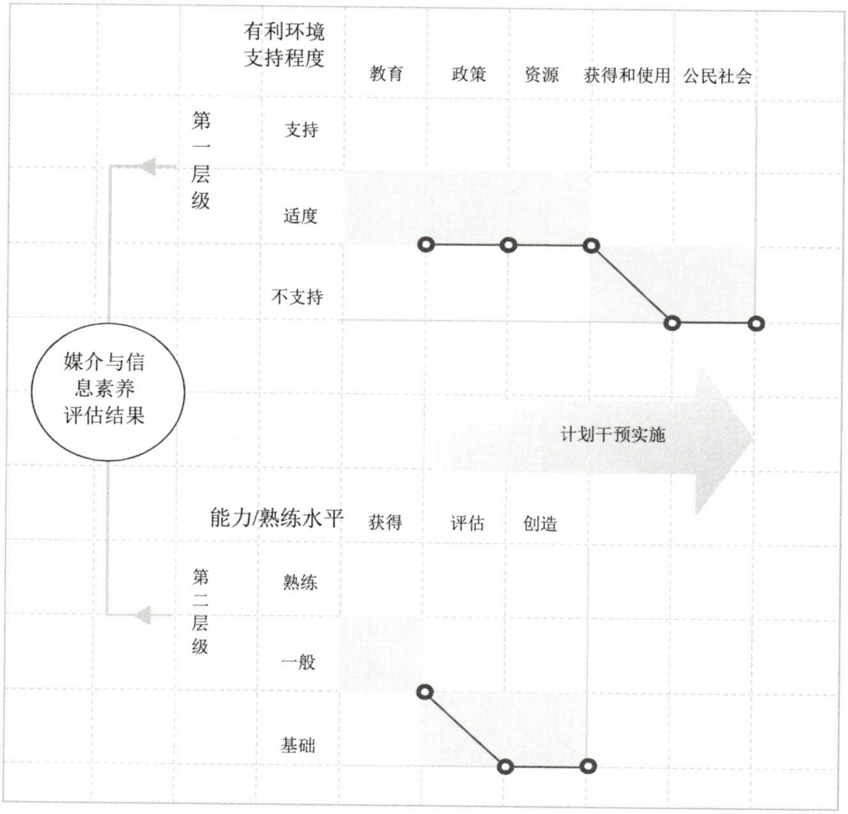

图 3-8　评估结果分析和方案规划

数据的收集和分析提供了针对具体国家的循证信息，这些信息涉及国家媒介与信息素养准备情况以及现有有媒介与信息素养能力水平。在分析和后续评估报告的基础上，各国可以做出明确的决定来促进整个媒介与信息素养的进一步发展，促进环境得到改善并提高个体的媒介与信息素养能力。例如，图3-8考虑了不同级别国家的准备情况和能力，并建议在实施适合某一国家特定的背景和条件的干预计划时，应如何分析基于证据的信息。示例说明，一个特定的国家可能会有或多或少的优惠政策环境,但是公民作为个体的能力在某些情况下处于一般或者更低的水平（灰色标注），比如在职和职前教师。因此，重要的是要更多地关注能力要素的评估和优惠政策环境，例如获取和使用以及与公民社会相关的问题。

技术附件

© bikeriderlondon | Shutterstock

◎ 技术附件A：媒介与信息素养评估标准框架

表 3–3　关于媒介与信息素养评估框架现有的规范工具和相关证明文件

标准框架	
联合国教科文组织公约	《保护和促进文化表达多样性公约》（2005） 《保护非物质文化遗产公约》（2003）
联合国教科文组织建议书/宪章/宣言	《关于推广和使用多种语言及普及网络空间的建议》（2003） 《联合国教科文组织数字遗产保护宪章》（2003） 《世界文化多样性宣言》（2001） 《关于技术和职业教育的修订建议》（2001）
联合国宣言/决议	《联合国扫盲十年：普及教育》（联合国大会第56/116号决议）（2002） 《联合国千年宣言》（联合国大会第55/2号决议）（2000） 《世界人权宣言》（1948）
其他建议书	《国际图书馆协会联合会关于媒介与信息素养的建议书》（2012）
其他宣言	《多哈宣言》中支持中东的媒介与信息素养教育（2013） 《莫斯科宣言》中的媒介与信息素养（2012） 《哈瓦那宣言》中的信息素养（2012） 《非斯宣言》中的媒介与信息素养（2011） 《布鲁塞尔宣言》中的媒介素养（2011） 《利马宣言》（2009） 美国英语教师委员会提出的《关于媒介素养重要性的宣言》（2008） 《托莱多宣言》中的信息素养（2006） 《亚历山大宣言》（2005） 《俄罗斯电影与媒介教育协会宣言》（2004） 《布拉格宣言：走向具有信息素养的社会》（2003）
联合国教科文组织政府间项目	政府间全民信息计划（IFAP） 国际传播发展计划（IPDC）
国际承诺	全民教育（EFA） 联合国千年发展目标（MDGs） 联合国2015年后发展议程 信息社会世界峰会 互联网治理论坛（IGF） 全球媒介与信息素养合作联盟（GAPMIL）行动框架与计划

◎ 技术附件B：国家背景下的调查问卷（第一层级）

注意：国家背景下的调查问卷共分为媒介与信息素养教育、媒介与信息素养政策、媒介与信息素养资源、获取和使用，以及公民社会这五个部分。这个问卷将由负责对媒介素养评估工具进行适应调整和管理的国家机构完成。问卷中的一些数据可以直接通过国际数据源收集，其他的基本数据可以通过国家评估团队等相关机构来联合收集。

调查问卷中所使用的教育水平来自2011年编制的国际教育标准分类（ISCED，2011）[29]，不过，也可以采用1997年版的国际教育标准分类的数据。

若以上两种分类标准都被采用，则需要说明数据依据的是2011年的国际教育标准分类还是1997年的国际教育标准分类。

请在下面相应的框中打钩

调查问卷的数据与2011年版国际教育标准分类保持一致 □

调查问卷的数据与1997年版国际教育标准分类保持一致 □

注意：以下数据可以在UIS数据库中直接获得（如果有些数据无法获得，国家评估团队将考虑在适当的时候进行数据收集）

国家背景1：国家的教育概况

	小学（ISCED1）		初中（ISCED 2）		高中（ISCED 3）		高等教育（ISCED 5&6）	
	男	女	男	女	男	女	男	女
A1. 毛入学率								

	小学（ISCED1）		初中（ISCED 2）		高中（ISCED 3）		高等教育（ISCED 5&6）	
	男	女	男	女	男	女	男	女
A2. 教师比例								

	学前班	小学（ISCED 1）女	初中（ISCED 2）男	高中（ISCED 3）男
A3. 师生比例				

	青年（15—24岁）		成人（25—64岁）		老年（65岁及以上）	
	男	女	男	女	男	女
A4.识字率						

A5.全球ICT教育概况	小学（ISCED1）	初中（ISCED 2）	高中（ISCED 3）
在采用计算机辅助教学（CAI）的学校中，学生与计算机的比率			
ICT技能合格的教师比例（基本计算机技能）			
接受过使用ICT教学培训的教师比例			
在教学中使用ICT教学的教师比例			
接入互联网的教育机构的比例			
接入宽带互联网的教育机构的比例			
教育机构中电力使用的比例			
教育机构中电话交流设备使用的比例			

国家背景2：教师政策

注意：以下数据直接取自世界银行组织数据库“实现更好的教育结果的

系统途径”（SABER）[30]（如果无法获取数据，国家评估团队应考虑在适当的时候进行数据收集）。

A: 教师的工作时间

A1.教师的日常工作是否包括相关教学的改进任务？

是	否

A2.通过法律规范，在公立中小学，谁负责决定教师的法定工作时间？

	ISCED1级		ISCED2和3级	
	是	否	是	否
国家教育部门				
次级国家教育部门				
地方教育部门				
学校				
不清楚				

A3.公立中小学教师的“法定工作时间”是如何定义的？请勾选一个定义。

	ISCED1级		ISCED2和3级	
	是	否	是	否
在校时间				
所有工作时间				
对于法定工作时间没有界定				
不清楚				

A4.请提供以下公立学校教师的法定工作时间（以小时计）。

	ISCED1级	ISCED2和3级
一年中的工作小时		
一周中的工作小时		
没有特殊规定		

B.教师教育

B1.请勾选以下中小学教师培训中教师所需的教育水平。

	ISCED 2	ISCED 3	ISCED 4	ISCED 5	ISCED 6
小学教师					
中学教师					

B2.请勾选以下成为小学或中学教师所需的最低教育学历。

	ISCED 2	ISCED 3	ISCED 4	ISCED 5	ISCED 6
小学教师					
中学教师					

C.短缺科目

C1.是否有政策来确定重要的短缺科目问题?

是	否	不清楚

C2.对于公立学校教师来说,是否有激励措施来教授严重短缺的科目?

是	否	不清楚

C3.以下哪些措施被用来鼓励公立学校教师教授主要的短缺科目?

	是	否	不清楚
更好的升职机会			
更高的基本工资			
奖金			
奖学金或贷款			
住房保障			
旅行福利			
饮食福利			
其他(请具体说明)			

D.职业发展

D1.根据法律规定，谁负责为公立学校教师的职业发展提供资金？

	是	否	不清楚
国家教育部门			
次级国家教育部门			
地方教育部门			
学校			
教师组织			
教师个体			
其他（请具体说明）			

D2.在实践中，谁资助公立学校教师的专业发展？

	是	否	不清楚
国家教育部门			
次级国家教育部门			
地方教育部门			
学校			
教师组织			
教师个体			
私人企业企业基金会			
民间组织非政府组织			
其他（请具体说明）			

D3.请提供以下公立小学教师应致力于专业发展活动的时间。

	每年的小时数	每年的工作日	不清楚
法定要求			
官方建议			

D4.请提供以下公立中学教师应致力于专业发展活动的时间。

	每年的小时数	每年的工作日	不清楚
法定要求			
官方建议			

国家背景3：媒介与信息素养（MIL）教育

注意：数据直接来自UIS数据库（如果无法获取数据，国家评估团队应考虑在可行的情况下收集数据）。

A.媒介与信息素养教育课程

A1.请为以下中小学媒介与信息素养相关科目课程状况打钩。

	状况								
媒介与信息素养相关课程	在课程中呈现			在课程中呈现并且是必修课程			学生评估和报告是必需的		
	ISCED1	ISCED2	ISCED3	ISCED1	ISCED2	ISCED3	ISCED1	ISCED2	ISCED3
基本电脑技能									
媒介和传播（媒介教育和媒介素养）									
信息和图书馆（信息素养、数字素养等）									
媒介与信息素养									

A2.贵国有国家政策、计划、法律或监管机制来促进和实现将ICT教育融入教育之中吗？请在以下方框内打钩。

	ISCED 1	ISCED 2	ISCED 3	ISCED 4
国家政策				
国家计划				
国家法律				
调解机制				

A3.贵国是否有将ICT融入教学中的全国性培训政策？

	是	否
在职教师		
培训中教师		

A4.在贵国，是否有受过专门培训的教师在中学阶段教授以下领域的课程？请勾选正确答案，并在适当情况下提供专业教师人数。

	是	否	专业教师的数量
媒介与传播研究			
信息和图书馆研究			
媒介与信息素养研究			
基本的计算机技能			

A5.贵国是否有专门针对媒介与信息素养的中学、专科或高等教育课程？

学校水平（ISCED 2011）	媒介素养		信息素养		ICT素养		媒介与信息素养	
	是	否	是	否	是	否	是	否
ISCED 2								
ISCED 3								
ISCED 4								
ISCED 5								
ISCED 6								
ISCED 7								
ISCED 8								

A6.贵国的图书馆（除了中小学和大学中的图书馆）是否会定期为使用者开设专门的媒介与信息素养的培训课程？比例是多少？

	没有	一年一次	一年两次	一年三次	一年四次	一年四次以上
公共图书馆（%）						
私人图书馆（%）						
社区图书馆（%）						

国家背景4：媒介与信息素养政策

注意：以下数据可以在UIS数据库中直接获得（如果有些数据无法获得，国家评估团队将考虑在适当的时候进行数据收集）。

A：是否存在媒体监管机构以及个体自我约束体制

A1.贵国是否存在以下各类媒体监管机构？请在下面的选项框内选择“是”或“否”。

媒介类型	是	否
广播		
报纸		
广播和报纸		
在线媒体		
传统（广播和报纸）和在线媒体		
网络		
其他（请详述）		

A2.贵国是否有以下行业自律机构或专业协会？

	是	否
广播		
报纸		
互联网		
电信		
其他（请详述）		

A3.贵国是否有广播监管机构？如果有，请勾选以下哪些职责是其授权的一部分：

职责清单	是，独家授权	是，但授权与另一实体共享	否，授权取决于多家实体	否，在本国没有授权
频道播出许可/授权				
频谱管理				

续表

职责清单	是，独家授权	是，但授权与另一实体共享	否，授权取决于多家实体	否，在本国没有授权
监测竞争和集中程度的规则				
监测广告在广播媒体的时间分配				
监控法律对内容的规定				
评定和解决市民的投诉				
监测广播媒体的行为准则				
规范广告				
提出政策规范				
保证选举期间公平和平等使用媒体				

A4.贵国是否有报纸监管机构？如果有，请勾选以下哪些职责是其授权的一部分：

职责清单	是，独家授权	是，但授权与另一实体共享	否，授权取决于多家实体	否，在本国没有授权
授权操作				
监测竞争和集中程度的规则				
监测报纸中的广告				
监控法律对内容的规定				
评定和解决市民的投诉				
监测报纸媒体的行为准则				
提出政策规范				

B：关于媒体的具体法律规定

B1：贵国是否有广播法？

是	否

B2：贵国是否有出版法？

是	否

B3.贵国是否有法律保障记者获取新闻的来源机密性？

是	否	若选择“是”的话，请提供相关法律或链接：

B4.贵国是否有相关的法律/法规对以下职业的个体从业资格进行规范？

	是	否
记者		
图书管理员		
信息专家		
通信专家		

B5.贵国是否有关于媒体所有权的反集中/反垄断规则或法律？

	是	否
国内民营企业		
外资企业		
请提供相关法律或链接		

*如果相关规则或法律仅适用于特定类型的媒体，请在下面的元数据框注明。

B6.贵国是否有关于跨媒体所有权限制的规定?

	是	否
国内民营企业		
外资企业		
请提供相关法律或链接:		

B7.宪法条款是否有关于获取国家持有的信息的规定?

是	否	若选择“是”的话，请提供相关法律或链接:

B8.是否有获取国家持有的信息的法律规定?

是	否	若选择“是”的话，请提供相关法律或链接:

B9.是否有保存国家档案的法律规定?

是	否	若选择“是”的话，请提供相关法律或链接:

国家背景5:媒介和信息资源

注意:以下数据可以在UIS数据库中直接获得(如果有些数据无法获得，国家评估团队将考虑在适当的时候进行数据收集)。

A:全球概况

A1.请提供以下有关贵国媒介和信息供应的数据。

指标	数据
覆盖全国公共广播频道的数量	
覆盖全国私人广播频道的数量	

续表

指标	数据
覆盖全国社区广播频道的数量	
在线广播频道的数量	
覆盖全国公共电视频道的数量	
覆盖全国私人电视频道的数量	
覆盖社区公共电视频道的数量	
在线电视频道的数量	
覆盖全国日报标题的数量	
在线日报标题的数量	
互联网服务的覆盖率与潜在近用的人口百分比	
移动电话通信服务的覆盖率与潜在近用的人口百分比	
固定电话通信服务的覆盖率与潜在近用的人口百分比	
全国图书馆的数量	
全国博物馆的数量	
室内电影院的总数	
室内影院人均占有量（每百万居民）	

*/**指标是替代选项

B.开放数据

B1.贵国是否有关于知识共享许可证申请的规定?

是	否

B2.贵国是否有关于以下开放项目的专门法规或是正在施行的措施?

	是	否	不清楚
开放数据（OD）			
开放教育资源（OER）			
开放解决策略（OS）			
免费开放的软件资源（FOSS）			

B3.请选择下列符合贵国情况的实例。

	是	否	不清楚
本国是开放政府伙伴关系（OGP）的成员			
本国国家元首有自己的网站吗？若有，请附上网址链接			
本国有一个由政府设定的开放数据门户网站*吗？若有，请附上网址链接			
本国有一个由民间组织的开放数据门户网站*吗？若有，请附上网址链接			

*指门户集中所有那些公共机构受命主动披露的信息。

国家背景6：媒介获取和使用

注意：以下数据可以在UIS数据库中直接获得（如果有些数据无法获得，国家评估团队将考虑在适当的时候进行数据收集）。

指标	数据
每100名居民的固定电话用户数	
每个互联网用户的国际互联网带宽（比特/秒）	
拥有无线电接收器的家庭百分比	
拥有电视设备的家庭百分比	
拥有固定电话的家庭百分比	
使用蜂窝移动电话的个人百分比*	
使用蜂窝移动电话的家庭百分比**	
用电家庭百分比	
个人拥有电脑百分比*	
家庭拥有电脑百分比**	
使用互联网的个人百分比*	
上网家庭百分比**	
每100名居民的固定（有线）—宽带订阅量	
每100名居民的移动宽带订阅量	
每1000名居民的日报发行量	
每1000名居民中的纸质报纸阅读者	

*/**指示符是替代选项

国家背景7：公民社会

注意：这一部分旨在收集非政府组织和社区团体在媒介与信息素养领域活动的数据。这些机构提供了大量媒介与信息素养领域的培训，尤其是教师培训。由于国家评估团队很难获取这些数据（EC，2011），各国应该考虑寻找机会收集这些数据。以下数据并非详尽无遗，但很有意义。

A1.请列出贵国用户能够本地访问的虚拟社区的名称，并指出这些虚拟社区是否在本地创建或建立。

国内用户可以访问的虚拟社区	本地创建或建立	
	是	否
1		
2		
3		
4		
…		
…		
…		

A2.请提供贵国官方机构（部委、学术单位）认可的媒介与信息素养期刊的官方名称及其出版频率。

期刊名称	出版频率				
	一年一期	一年两期	一年三期	一年四期	一年五期及以上

A3.请在下面的方框中，提供贵国媒介与信息素养专业协会（包括信息与专业人员、图书馆员、档案员、信息与通信技术专家和博物馆专业人员）的数量。

A4.请在下面的方框中，提供贵国致力于媒介与信息素养的非政府组织数量。

A5.请提供贵国有合法授权的教师工会的名称，以及每个团体及其所属机构中所拥有的成员数量。

	是	否

A6.过去的两年中，有多少关于媒介与信息素养的会议或项目在贵国举行？

年份	会议的官方名称

A7.贵国有民间社会协调机制吗？请选择正确的答案。

是	否	不清楚

◎ 技术附件C：教师培训机构/学校的调查问卷（第一层级）

注意：关于教师培训机构的调查问卷应由教师培训机构的校长填写。

这套测量教育水平的调查问卷基于2011年版的国际教育标准分类[31]，不过，也与1997年版的国际教育标准分类相一致。

若以上两种分类标准都被采用，则需要说明数据是基于2011年版的国际教育标准分类还是1997年版的国际教育标准分类。

请在下面相应的框中打钩

调查问卷的数据根据2011年版的国际教育标准分类 □

调查问卷的数据根据1997年版的国际教育标准分类 □

A.基本信息

A1.请为贵机构提供以下描述性信息。

机构的官方名称：	
所属机构性质（公共、私人、社区）：	
机构的种类（教师培训机构、中学）：	
教师的数量：	总计：
	男性：
	女性：
接受培训教师的数量：	总计：
	男性：
	女性：

若为教师培训机构，请跳至A2；若为普通高中或职业高中，请跳至A3。

A2.请在下面填写由贵机构提供的培训级别和培训时长（以年为单位）。请在适当空格中填写现有的学生数量。

填完后请跳至B。

教师培训的级别	参加培训的最低学历（根据ISCED 2011）	培训时长	学生数量		
			男性	女性	总计
小学教师（ISCED1）					
中学教师（ISECD2&3）					
职业学校教师（ISCED2&3）					

A3.请提供贵校已有的教育项目级别和现有学生数量。

提供的教育项目级别	学生数量		
	男性	女性	总计
小学项目（SCED1）			
普通中学项目（ISCED2）			
普通中学项目（ISCED3）			
职业中学项目（ISCED2）			
职业中学项目（ISCED3）			

B.媒介和信息设施

B1.贵校/机构是否有以下设施？请填写教室、机房、学校图书馆所拥有的以下设备的数量，同时填写教室/机房/学校图书馆的数量。

设备类型	教室		机房		学校图书馆	
	拥有设备的教室数量	教室总数量	拥有设备的机房数量	机房总数量	拥有设备的图书馆数量	图书馆总数量
电力连接						
电话连接						
教学所用的广播设施						
教学所用的电视						
教学所用的电脑						
LCD投影仪						
白板或交互式白板						

B2.如果贵校设有图书馆，请填写图书馆是否提供有以下设施或服务。

	是	否
图书馆的所有设施都可用		
有固定的年度预算用于购买书籍和其他设施		
提供线上教学资源		
提供与教学相关的DVD或CD		
订阅了日报（包括纸质版和网络版）		
仅订阅了网络版报纸		
提供免费网络连接		
如果是的话（有免费连接），读者需要注册吗？		
图书馆是否提供有线上教育资源（如目录、期刊等）？		

B3.图书馆为读者提供的书籍数量是多少？

B4.图书馆为读者提供的电子书数量是多少？

B5.图书馆一周开放几天？

B6.图书馆一天开放几小时？

C.媒介与信息素养政策

C1.贵校是否有将ICT融入教学的培训政策？请选择正确答案。

是	否

C2.请在贵校已有教学实践的对应空格处打钩。

教学实践	是	否
广播辅助教学		
电视辅助教学		
电脑辅助教学		
网络辅助（基于互联网的）教学		
交互式白板辅助教学		
远程教育		
使用电子书或交互式平板电脑		
使用电话		
使用博客和互动论坛		

C3.如果以上任何一个选项被选中，那么个人是否可以使用？请填写符合情况的选项。

- 是否为个人提供设备维护？

是	否

- 是否在上课时为教师提供技术支持？

是	否

C4.如果C3的选项是“否”，那么当教师在上课时需要技术支持，他应该联系谁？请填写符合情况的选项。

自己解决	同事	学生	其他（请详述）

C5.贵机构/学校是否为教师提供或资助教师完成以下关于ICT设施使用的培训？

培训	培训情况			
	提供培训		资助参加培训	
	是	否（跳到右列）	是	否
广播辅助教学				
电视辅助教学				
电脑辅助教学				
网络辅助（基于互联网的）教学				
交互式白板辅助教学				
远程学习				
远程教学				
电子书或交互式平板电脑的使用				

◎ 技术附件D：教师问卷（第一层级）

注意：这份针对教师机构的问卷应该由每一位参与其中的教师（培训）机构的负责人填写。

在这份问卷中应用的受教育程度依据的是2011年版的国际教育标准分类（ISCED2011），同时也与1997年版的国际教育标准（ISCED97）分类相一致。

如果在问卷调查中同时运用2011年版和1997年版两种国际教育标准分类，应具体说明。

请在下面相应的框中打钩。

调查问卷的数据与2011年版国际教育标准分类保持一致 □

调查问卷的数据与1997年版国际教育标准分类保持一致 □

A：基本信息

A1：请为贵机构提供以下描述性信息。

机构/学校名称：
接受测试者姓名：
性别（男，女）：
出生日期：
居住地（城市，地区）：
高中学位授予地：
所参与的高等教育机构：
专业化领域/学科：
作为教师的就业状况（在职/职前）：
在成为教师前的工作经验年限，请详细说明曾就业的部门：

B：专业经验

B1：请在当前符合您作为教师的工作情况的复选框内打钩。

全职 （请跳至B3）	兼职教师	请提供您兼职的时长（每周多少个小时）：

B2：如果您是兼职教师，您还有其他职业吗？

请具体写出职业名称：

B3：请按照您在每一个ISCED等级下工作的年限来填写您的教龄。

	ISCED2	ISCED3	ISCED4	ISCED5	ISCED6–8
工作年限					

B4：请提供您在最近五年中，为每一个ISCED等级所教授的课程名称及相关题目。在表中，如果您有教授相应的ISCED等级，则填写“是”；如果没有，则填写“否”。请不要留空。

课程名称	科目	ISCED等级				
		ISCED2	ISCED3	ISCED4	ISCED5	ISCED6–8

B5：请在B4表中填写“是”的ISCED等级下，补充每门课程学生的平均人数。对于填写“否”的ISCED等级，请填写符号“N/A”（不适用）。

课程名称	科目	每个ISCED等级下学生的平均人数				
		ISCED2	ISCED3	ISCED4	ISCED5	ISCED6–8

C：媒介与信息素养政策

C1：如果您所居住的社区提供以下设施，请填写您使用设施的频率（按每月使用平均小时数计算）。

设施	是	否	使用频率（小时/月）
电影院			
网吧			
其他公共网络接入口			

C2：您每周使用当地图书馆的频率（包括公共、社区和学校图书馆）？原因是什么？

图书馆设施	每天	5–6次	3–4次	1–2次	不用
借阅资料（图书、笔记本、DVD、CD等）					
仅限互联网接入					
仅供阅读设施使用					
以上都有					

C3：请填写您家中以下设备的拥有情况，并填写每天使用平均时长。

设施	是否拥有		使用频率（小时/天）
	是	否	
电力			
手机			
智能手机			
广播			
电视			
电脑/笔记本电脑			
网络连接			
平板电脑、电子书			

C4：您平时用来获取新闻和其他资讯的媒介类型有哪些？每一种媒介类型的数量是多少？

媒介类型	经常使用的媒介数量	您所在社区所能提供的媒介数量
广播频道	公共广播	
	私有广播	
	社区广播	
电视频道	公共电视	
	私有电视	
	社区电视	
报纸	公共报纸	
	私有报纸	
	社区报纸	
新闻网站	公共新闻网站	
	私有新闻网站	
	社区新闻网站	
社交媒体（脸谱、推特等）		
博客（请写出博客的数量）		
其他网站（请写出相关网站的平均数量）		

D: 对媒介和信息设施的熟悉程度

D1: 您是否接受过电脑使用的正式培训？请在符合的选项下打钩。

是（跳至D4）	否（跳至D2）

D2: 您曾使用过电脑吗？请在符合的选项下打钩。

是	否（跳至D7）

D3: 如果是的话，您是怎么学习的？

自学	同辈帮助

跳至D5

D4：如果是的话，您在哪儿接受的培训？请指出所有采用过的方法。

	是	否
在学术机构/学校		
在工作中，作为职业培训的一部分		
我自己的私人计划		

D5：您曾因为私人或工作的原因使用过E-mail吗？

是	否

D6：请选出您用电脑完成以下任务的信心程度，请从0（一无所知）到4（十分精通）中选择符合您实际情况的选项。

任务	评分				
	0	1	2	3	4
打开特定文件夹中的文件					
创建一个文件夹					
在特定文件夹中保存文件					
创建一个文本文件					
在文本文件中输入文本					
用制表软件创建一个文件（如Excel）					
用制表软件实现一些基本操作（如添加行、简单的函数运算）					
用制表软件或者类似的软件创建图					
准备一个演讲					
用因特网/网页浏览器搜集信息					
为备课从特定网站下载相关素材					
上传/分享文件					

续表

任务	评分				
	0	1	2	3	4
参与关于某些时事的线上评论					
使用线上医疗服务					
使用电子政务服务					
进行网络交易					

D7：请根据贵校拥有设备的情况填写，并说明您用于教学的设备。

设备	学校是否拥有		是否用于教学	
	是	否	是	否
广播				
电视				
电脑/笔记本电脑				
互联网				
USB（闪存）				
CD或DVD				
DVD播放器				
投影仪				
移动设备（如平板电脑、智能手机）				

◎ 技术附件E：媒介与信息素养能力体系（第二层级）

能力要素1：承认自己对信息与媒介内容的需求，具有搜集信息与媒介内容的能力，能够访问并检索信息与媒介内容

媒介与信息素养内涵	能力界定	表现指标
对信息需求的界定和说明	一个具备媒介与信息素养的人能够通过一系列的资源来界定并说明信息和媒介（内容）的性质、作用和范围	1.承认自身有对信息及媒介内容的需求的重要性
		2.界定自己对信息及媒介内容的需求
		3.承认媒介和信息提供方的需求及他们的重要性
		4.确定并具体说明与核心及相关概念、领域或主题相关联的信息需求，以便将这种需求转化成一种行动的形式
		5.明白不同信息需求/问题有着不同的信息来源（其他人、群体、组织或目标），也包括这些需求从哪里而来，在哪里出现，在哪里被创造或获取（如图书馆、档案室、媒介机构、因特网）
		6.明白不同类型的信息需求/问题需要靠他人（或群体、组织）的帮助才能解决
		7.联系并咨询他人、群体、组织或者对照相应的标准，从而能够清晰地表述一个观点/问题
		8.清晰地表述基于信息需求的观点/问题，将它转换为一种主动观点/问题，并利用明确而有效的技术方式去说出它、写下它、对它进行分类、建构它、表达它

续表

媒介与信息素养内涵	能力界定	表现指标
搜索并定位信息及媒介内容	一个具有媒介与信息素养的人能够搜索并定位信息及媒介内容	9.研究出有效的搜索策略，找到合适的信息、媒介内容、信息提供者、方式和工具
		10.明白信息提供者和媒介组织在社会中的角色和功能，在哪里可以找到并定位信息及媒介内容
		11.探索、界定并定位信息及媒介内容可能存在的地方，它们可能出现在现实的地方（如仪器/工具），也有可能出现在虚拟的地方
		12.确定信息及媒介内容的作者、生产者、组织者、传播者
		13.理解元数据的作用
		14.通过信息来源的类型、数据、主题、作者、传播者、接受者、关键词、标签、期限等信息来鉴别、区分潜在的信息来源，并确定它们之间的优先顺序
		15.欣赏信息提供者和媒介机构创造的信息及媒介内容的多样性和形式的多元性
		16.分辨信息的形式和媒介来源
		17.决定什么类型的信息和媒介来源是必需的
		18.明白信息及媒介内容定位工具的重要性和相关性
		19.承认在定位信息及媒介内容的过程中，由于技术的、法律的、经济的、社会文化的、政治的以及其他的原因，存在着一些限制、挑战，但同时也具有一定的可能性
		20.如果需要的话，改进搜索策略
		21.用合适的工具去定位这些信息来源

续表

媒介与信息素养内涵	能力界定	表现指标
接触信息、媒介内容、媒介和信息提供者	一个具有媒介和信息素养的人能够有效地、高效率地近用所需要的信息及媒介内容，但又不违反道德。对于媒体和信息提供者的近用而言，也是如此	22.确定获取信息及媒介内容的方法和策略
		23.利用上述提到的方法和策略，决定获取所需信息及媒介内容的有效性、花费、时间、益处及可适用性
		24.在接触信息、文献遗产、媒介内容、信息与通信技术、其他媒介组织及信息提供者时，遵守基本法律、规章制度、政策、权利和道德原则
		25.认识获取信息时规则、法律、规章制度的重要性
		26.了解信息及媒介内容的近用权可能被限制
		27.利用多种工具去获取信息及媒介内容
		28.通过各种媒介组织和其他信息的提供者来获取选定的信息和媒介内容
		29.接触媒介组织和其他的信息提供者，包括那些在网络上进行自我表达、创作、社会参与和政治参与的人
检索、持有、储存、保留信息及媒介内容	一个具有媒介与信息素养的人能够通过多种方法和工具检索并暂时保留信息及媒介内容	30.使用多种系统和工具去检索最合适的、以多种形式展现的信息及媒介内容
		31.用其他形式去调查，以便检索信息
		32.检索不同类型的信息
		33.利用合适的技术和工具，选择、组织并保存检索好的信息及媒介内容
		34.知道保存信息及媒介内容时的要求、规则和操作
		35.假设检索的信息在以后会发挥用处
		36.遵守保存信息及媒介内容的基本要求

能力要素2：理解、评估、评价信息及媒介

媒介与信息素养内涵	能力界定	表现指标
理解信息及媒介	一个具有媒介与信息素养的人能够理解社会中媒介组织及信息提供者的必要性	1.理解媒介组织和信息提供者实现其职能时所必需的原则和条件
		2.理解媒介组织和信息提供者在社会中承担告知、教授、影响和娱乐等职责
		3.承认媒介组织和信息提供者对社会有一定的影响
		4.了解媒介组织和信息提供者的工作以及他们的影像是可以并应该被控制的
		5.了解与媒介组织、信息提供者、国际及专业标准相关的道德原则和权利
		6.承认信息及媒介内容自身的影响力
		7.识别信息及媒介内容是如何以不同方式表达的
		8.识别并区分信息及媒介内容的所有者和创建者
		9.理解作者的著作者身份和权利
		10.从著作者身份和权利的角度去认可他人的作品，并能认识到它的重要性
		11.知道信息及媒介内容的编辑独立性和审查权，同样的，媒介组织和信息提供者也有独立性和审查权
		12.承认观众/使用者会采用不同的方式去解读信息和媒介内容
		13.知道在任何信息及媒介内容中，都存在着不同的观点
		14.从美学的标准和形式来欣赏信息及媒介内容
		15.理解不同媒介和信息平台上的编码方式和表达类型
		16.理解对于媒介组织及信息提供者而言，广告的重要性

续表

媒介与信息素养内涵	能力界定	表现指标
评估信息及媒介内容，也包括媒介组织及信息提供者	一个具有媒介与信息素养的人能够评估、分析、比较、表达和应用初级标准，并用这种标准去评估检索的信息及其来源，也能用它来评估社会中的媒介组织和信息提供者	17.界定检索到的信息及媒介内容和信息来源的评估标准（如意图、观众、作者、可信度、重要性、供应方、相关性、流通、可靠性、完整性、精确度、时间轴、范围和覆盖面）
		18.创造或使用基本的评估仪器/工具来评估信息及媒介内容，也能创造或使用它们来评估媒介组织和其他的信息提供者
		19.从检索到的信息及媒介内容中选择并总结主要元素（如观点、关键词、概念、信息和主题）
		20.在可持续发展的背景下理解信息及媒介内容的意图和重要性/显著性
		21.解读检索到的信息及媒介内容，找出它们之间的联系，并用自己的话复述出来
		22.分辨编辑自主权，并承认媒介组织和信息提供者对信息及媒介内容有审查权
		23.能够对检索到的信息及媒介内容中的潜在观众进行描述
		24.标识、分析和分辨不同的广告信息、广告制作流程、广告技术、广告行业标准以及实际编码原则
		25.利用多样化的工具去标识和验证其他的信息来源、方法和搜索策略
评价信息及媒介内容，也包括媒介组织及信息提供者	一个具有媒介与信息素养的人能够评价、鉴定搜集到的信息及媒介内容及其来源，也能够评价社会上的媒介组织和信息提供者	26.界定评价标准，并找到合适的工具
		27.知晓评价存在一定的限制和主观性
		28.识别相关的需求/主题/问题，将其统一起来，同时也能对其他问题提出质疑
		29.检验收集到的信息及媒介内容及其来源，也能够检验媒介组织和信息提供者
		30.评价收集到的信息及媒介内容及其来源，也能够评价媒介组织和信息提供者
		31.比较来自不同媒介和信息来源的信息
		32.理解评价信息、媒介内容及其生命周期的重要性
		33.用多种技术总结检索到的信息及媒介内容，并作出判断
		34.为总结提供论点

续表

媒介与信息素养内涵	能力界定	表现指标
将信息及媒介内容组织成有机的整体	一个具有信息及媒介素养的人能够综合信息及媒介内容并将其组织起来	35.在检索时做记录并进行总结
		36.设计、提炼、修改、缩小他/她最初的需求/难题/问题/质疑
		37.将信息及媒介内容进行分组归纳
		38.理解索引对信息及媒介内容的重要性
		39.利用工具将信息及媒介内容的组织格式化
		40.依据评估的结果储存相关的信息及媒介内容，以备未来之需
		41.将信息及媒介内容从一种形式转换成另一种形式
		42.能将不同形式的信息及媒介内容（如印刷品、音像制品、影视作品等）综合起来

能力要素3：创作、利用、监控信息和媒介内容

媒介与信息素养内涵	能力界定	表现指标
创造知识并能够进行创意性表达	一个具有媒介与信息素养的人能够出于某种特定的目的，采用一种革新的、符合道德规范的、创造性的方式，来创作/生产新的信息、媒介内容或知识	1.承认现有的信息及媒介内容能够与独创的想法、实验、解释结合起来，创造出新的信息和知识
		2.采用一种方式组织收集到的信息及媒介内容，它不仅支持新信息、媒介内容或知识的意图和格式，而且能够解决问题
		3.考虑目标受众社会文化属性的重要性（如性别、种族、年龄、能力等）
		4.在原有知识的基础上，利用工具和不同的格式，将收集到的信息及媒介内容在新的背景下内化、整合、表达、陈述出来
		5.反思创作过程，如果需要的话，进行必要的修改
		6.采用国际化的标准、要求、建议，并遵循道德准则来创作新知识
		7.在深入特定的目标受众的过程中，了解信息可接近性标准和建议的重要性
		8.应用信息的可接近性标准和建议来定制相应的信息及媒介内容
		9.利用多种工具来创作新知识，讲求格式的多元和表现的美感
		10.意识到新知识可能有多种深远的意图和影响力

续表

媒介与信息素养内涵	能力界定	表现指标
用一种符合道德规范且有效的方式，通过媒介或者信息技术来传播信息、媒介内容及知识	一个具有媒介与信息素养的人能够用一种符合道德及法律规范，并且有效的方式，通过合适的渠道和工具来传播信息、媒介内容和知识	11.知道新知识需要分享、分布和传播
		12.考虑到受众的规模和类型，选择最能支持信息、媒介内容与知识的传播、分布的共享传播媒介、格式和许可证
		13.使用一系列的信息与通信技术及应用程序来交流、传播、共享信息、媒介内容和知识
		14.设置一种与目标受众相关的语境，识别、复制、传播、分布、共享信息、媒介内容和知识
		15.用符合道德规范的方法传播信息及媒介内容
		16.用符合法律规范的方法传播信息及媒介内容
		17.知道如何保护个人作品、数据、公民自由、隐私权和知识产权
		18.意识到在虚拟世界中传播、分布、共享知识的后果和风险
		19.理解在信息技术和媒介平台中，用户和受害者/行为人/旁观者/目击者具有内在独立性
		20.通过多种媒介和工具分享信息、媒介内容和知识
以积极的公民身份参与社会公共事务	一个具有信息与媒介素养的人能够参与到媒介组织和信息提供者当中，通过多种符合道德规范、有效且高效的方法，进行自我表达，跨文化对话，民主参与	21.认识到通过多种媒介组织和信息提供者参与到社会公共事务的重要性
		22.意识到在现实和虚拟生活中，参与社会公共事务的后果和风险
		23.无论在现实生活还是虚拟生活中，都能通过一系列的工具，与其他创作者、生产者、用户、信息提供者和目标受众交流想法，进行互动
		24.通过多种方式和工具从事和参与社会公共事务

续表

媒介与信息素养内涵	能力界定	表现指标
监控生产和使用媒介及信息内容的影响，同时也能监管媒介组织和其他的信息提供者	一个具有媒介与信息素养的人能够监控信息、媒介内容和知识被创造和传播时所产生的影响，也能监督现有的媒介组织和其他的信息提供者	25.了解监控共享信息、媒介内容和知识的必要性/重要性
		26.为了周期性地评估潜在影响的效力，使用或建立监测手段/机构和政策/方法
		27.从质量、影响、监管、实践的完整性等方面去判断所分享的信息、媒介内容和知识
		28.确定并分析目标受众对信息、媒介内容和知识的反应及其影响
		29.了解并使用可用的信息及媒介监管服务和工具
		30.知道如何能将监测结果用于改进或创造新信息、媒介内容和知识上
		31.了解如何实施媒介所有权的监管及其意义
		32.了解提供公共关系服务的机构的职能和作用，以及这些机构是如何影响受众和决策的
		33.监督公共关系部门是否依循其职能办事，也能监督那些游说者
		34.如果需要，可以基于现实结果和潜在结果的对比分析，为信息及媒介内容重定向或重新修订
		35.知道如何以及在何处表达感激或不满

◎ 技术附件F：计算机自适应测试（CAT）

计算机自适应测试（CAT）

计算机自适应测试是一种管理测试的方法。它根据受访者之前的回答来判断他/她的学习程度，从而评估和选择适合该受访者的题目。如今，计算机自适应测试在许多教育类和人事考试项目中流行起来。计算机自适应测试与纸笔测试有很大的不同。在传统的评估模式下，所有的受访者都是对同一个题目要求其进行作答。而计算机自适应测试是根据在先前题目中所反映出来的受访者的能力水平，选择与该受访者相适应的题目进行作答。计算机自适应测试最大的进步在于它提供了一套更有效的潜在评估方式，利用这种方式，受访者需要完成的题目数量远远小于纸笔测试（Wainer,1990；Weiss,1982）。此外，计算机自适应测试较高的成本管理效益，使针对小范围的受访者进行频繁的评估成为可能。这让测试时间变得更加灵活，从而减少了因大范围的测试机制而产生的行政负担。

计算机自适应测试需要一个较为庞大的有效题库为适应过程提供支持。它看起来比CFT*及纸笔测试的成本更高，但从中期来看，它是更经济的，也更可靠。随着时间的推移，重复的数据收集还能够监控政策和实践的影响。重复使用有效的、经过调整的题目意味着可以在不产生成本的情况下去制作新的题库，就能实现监控的目的。

从技术角度来看，创建一个新的题库始终是一个巨大的挑战，但如果是通过观察和访谈获得题目而建立起的一个题库，这一过程则会容易得多。

计算机自适应测试的实施方法能够通过媒介与信息素养第二层级——能力层次的组成要素，来区分受访者的熟练程度。这种认知诊断式的计算机自适应测试可以用来区分受访者对第二层级的指标体系中，每一种属性的掌握程度。作为计算机管理的适应性评估方法，计算机自适应测试能够带来更高的效率，因为它是基于每个人先前的反应来选择相应的题目，而且它能够通过信息技术设备搜索、储存、检索信息的方式记录每一个受访者的选择，以识别其所想和所做。因此，这种方法为政策制定者提供了海量信息，使他们能够基于人们所理解的方式，以及他们应用信息技术设备时所展现出来的媒介与信息素养水平，更有效地制定政策。这将解决评估能力的一个核心问题，因为计算机自适应测试不仅能够展现受访者的表现，还能看出他们的潜在态度、知识以及技能。个体不仅需要理解媒介与信息素养，而且需要很好地展现这种素养，从而适应社会和技术发展给知识社会带来的快速变化。

最后，这种传输方法应适用于不同国家及地区。针对不同国家和地区由于数字技术的发展程度不同而处于不同阶段的问题，计算机自适应测试提供了多种解决办法。它不仅能够通过网络进行测试，而且也能在单机通过CD进行使用。在那些不供电的地区，智能手机可以通过太阳能来进行媒介与素养评估。不仅如此，媒介与信息素养评估系统中也包括广播和印刷平台。如果测试不通过网络平台进行，搜索信息的能力测试就不能纳入题目中。

参考文献

Adams, A.M. (2012). The Education Link. Why Learning is Central to the Post-2015 Global Development Agenda. Center for Universal Education, Working Paper 8/December 2012. Retrieved August 8,2013, from http://www.brookings.edu/~/media/research/files/papers/2012/12/education%20post%202015%20adams/12%20education%20post%202015%20adams.pdf

Albano, G. (2012). A knowledge-skill-competencies e-learning model in Mathematics. University and Knowledge Society Journal, 9 (1), 306-319.

Braun, H., Bejar, I., & Williamson, D. (2006). Rule-based methods for automated scoring: Application in a licensing context. In D. M. Williamson, R. J. Mislevy & I. Bejar (Eds.), Automated scoring of complex tasks in computer-based testing. Lawrence Erlbaum Association, Inc.

Brown, J. A. (1998). Media literacy perspectives. Journal of Communication, 48(1), 44-57.

Brazilian Network Information Center. (2012). ICT education 2011. Survey on the Use of Information and Communication Technologies in Brazilian schools. São Paulo.

Buckingham, D. (2007). Digital media literacies: Rethinking media education in the age of the Internet. Research in Comparative and International Education, 2(1), 43-55.

Calderhead J., & Gates, P. (Eds.). (1993). Conceptualizing reflection in teacher development. London: Falmer Press.

Cambridge (2003). Cambridge Advanced Learner's Dictionary. Cambridge: Cambridge University Press.

Casaregola, V. (1988). Literacy, technology and mediacy : Redefining our terms for a post-literate age. Bulletin of Science, Technology and Society, (4), 378-383.

Catts, R. (2005). Confirming the relational model of information literacy. The International Information and Library Review, 37(1), 19 – 24.

Catts, R. (2010). UNESCO information literacy indicators: Validation report. Paris, UNESCO, Retrieved August 2011, from http://www.unesco.org/new/fileadmin/MULTIMEDIA/HQ/CI/CI/pdf/information_literacy_indicators_validation_report_ralph_catts_en.pdf

Catts, R., & Lau, J. (2008). Towards information literacy indicators. Paris: UNESCO. Retrieved July 2011, from http://unesdoc.unesco.org/images/0015/001587/158723e.pdf

Chang, H. (2012). Making computerized adaptive testing diagnostic tools for schools. In R. W. Lissitz & H. Jiao (Eds.), Computers and their impact on state assessment: Recent history and predictions for the future (pp. 195-226). Charlotte, NC, Information Age Publisher.

Davies, A., Devin, F., & Gorbis, M. (2011). Future work skills 2020. Institute for the future for University of Phoenix Research Institute.

De Freitas, S. I. (2006). Using games and simulations for supporting learning. Learning, Media and Technology, 31 (4).

Delors, J., et al. (1999). Learning: The treasure within. Paris: UNESCO.

Drucker, P. F. (1998). The coming of the new organization. In Harvard Business Review (pp. 1-19). Boston, MA: Harvard Business School Publishing.

Dunås, J, (2013). Media and Information Literacy in the Nordic Countries. Göteborg, Sweden: Nordicom. Retrieved October 14, 2013, from http://www.statensmedierad.se/upload/_pdf/Overview%20MIL%20in%20Nordic%20Countries.pdf

Dumouchel, G., & Karsenti, T. (2013). Les compétences informationnelles relatives au Web des futurs enseignants québécois et leur préparation à les enseigner: résultats d'une enquête. Éducation et francophonie, 7-29.

Educational Testing Service (2003). Succeeding in the 21st century. What higher education must do to address the gap in information and communication technology proficiencies. Assessing literacy for today and tomorrow. Princeton, NJ: Educational Testing Service. Retrieved October 2, 2005, from http://www.ets.org/Media/Tests/Information_and_Communication_Technology_literacy/ICTwhitepaperfinal.pdf

EKOS (2004). Integrated findings: Final Report. Part of The Dual Digital Divide IV Study. Ottawa: EKOS Research Associates Inc.

European Commission (2009). Study on Assessment Criteria for Media Literacy Levels. Brussels: European Commission. http://ec.europa.eu/culture/media/media-content/media-literacy/studies/eavi_study_assess_crit_media_lit_levels_europe_finrep.pdf [accessed 14 October 2013].

European Commission (2011). Testing and refining criteria to assess media literacy levels in Europe. Brussels: European Association for Viewers Interests and the Danish Technological Institute.

Evers, F., Rush, J., & Berdrow, I. (1998). The bases of competence: Skills for lifelong learning and employability. San Francisco: Jossey-Bass Publishers.

Fahser-Herro, D., & Steinkuehler, C. (2009). Web 2.0 literacy and secondary teacher education. Journal of Computing in Teacher Education, 26(2), 55-62.

Greaney, V. & Kellaghan, T. (2012). National Assessment of Educational Achievement. Volume 3. Implementing a National Assessment of Educational Achievement. The World Bank.

Gredler, M. E. (1996). Educational games and simulations: A technology in search of a research paradigm. In D. H. Jonassen (Ed.), Handbook of research for educational communications and technology (pp. 521-539). New York: MacMillan.

Horton, F.W. (2013). Overview of information literacy resources worldwide. Paris: UNESCO. Retrieved September 29, 2013, from http://unesdoc.unesco.org/images/0021/002196/219667e.pdf

Johnson, L. (2006). The sea change before us. Educause Review. March/April.

Karsenti, T., et al. (2011). Avantages et défis inhérents à l'usage des ordinateurs au primaire et au secondaire: Enquête auprès de la Commission scolaire Eastern Townships. Synthèse des principaux résultats. Montreal, QC: CRIFPE.

Karsenti, T., et al. (2012). Avantages et défis inhérents à l'usage des ordinateurs portables au primaire et au secondaire: Résultats de la 2e enquête auprès de la Commission scolaire Eastern Townships. Montreal, QC: CRIFPE.

Karsenti, T., Collin, S., & Harper-Merrett, T. (2012). Pedagogical integration of ICTs: Successes and challenges from 100+ African schools. Ottawa (ON): IDRC.

Koelsch, F. (1995). The infomedia revolution: How it is changing our world and our life. Toronto: McGraw-Hill Ryerson.

Kress, G. (2003). Literacy and schooling: A sociocognitive perspective. In E. Hiebert (Ed.), Literacy for a diverse society (pp. 9-27). New York: Teachers College Press.

Lau, J. (2005). International guidelines for information literacy for lifelong learning. The Hague: IFLA. Retrieved 2011, from http://www.ifla.org/en/publications/guidelines-on-information-literacy-for-lifelong-learning

Lau, J. (2006). Guidelines on Information Literacy for Life Long Learning. The Hague: UNESCO/IFLA.

Lau, J. (2008a). Information Literacy International Resources Directory. The Hague: UNESCO/IFLA.

Lau, J. (2008b). Information Literacy International State-of-the Art Report. The Hague: UNESCO/IFLA.

Lau, J., and Cortes, J. (2009). Information Skills: Conceptual Convergence between Information and Communication Sciences, Comunicar Journal, Issue 32 1.

le Boterf, G. (2002). Ingénierie et évaluation des compétences. Paris: Éditions d'Organisation.

Lee, A. Y. L. (1999). Infomedia literacy: An educational basic for young people in the new information age. Information, Communication & Society, 2(2), 134-155.

Lee, A. Y. L. (2010). Media education: Definitions, approaches and development around the globe. New Horizons in Education, 58 (3), 1-13.

Lucia, A. D., and Lepsinger, R. (1999). The art and science of competency models. San Francisco: Jossey-Bass/Pfeiffer.

Luke, C. (2007). As seen on TV or was that my phone? New media literacy. Policy Futures in Education, 5(1), 50-58.

Mansell, R. & Tremblay, G. (2013). Renewing the Knowledge Societies Vision: Towards Knowledge Societies for Peace and Sustainable Development. Paris: UNESCO. Retrieved September 16, 2013, from http://fr.unesco.org/post2015/sites/post2015/files/UNESCO-Knowledge-Society-Report-Draft--11-February-2013.pdf

Margolis, M. J., & Clauser, B. E. (2006). A regression-based procedure for automatic scoring of a complex medical performance assessment. In D. M. Williamson, R. J. Mislevy & I. Bejar (Eds.), Automated scoring of complex tasks in compute-based testing. Lawrence Erlbaum Association, Inc. Publishers.

Medel-Añonuevo, C., Ohsako, T., & Mauch, W. (2001). Revisiting Lifelong Learning for the 21st Century. Hamburg: UNESCO Institute for Education.

Moeller, S., Joseph, A., Lau, J., & Carbo, T. (2011). Towards media and information literacy indicators: Background document of the expert meeting, 4-6 November 2010, Bangkok, Thailand. Paris: UNESCO.

Morsy, Z. (1984). Media education. Paris: UNESCO.

NAMLE (2010). Media literacy defined. Namle.net (website for National Association for Media Literacy Education). Retrieved September 11, 2010, from http://namle.net/publications/media-literacy-definitions

New London Group (1996). A pedagogy of multiliteracies: Designing social futures. Harvard Educational Review, 66(1), 60-93.

Osborn, M. (2006). Promouvoir la qualité : comparaisons internationales et questions méthodologiques. Éducation et Sociétés, 2(12), pp. 163-180.

Parshall, C. G., Spray, J. A., Kalohn, J. C., & Davey, T. (2002). Practical Considerations in Computer-Based Testing. New York: Springer-Verlag.

Patidar, M. K., (2010). Literacy and Economic Development. Indiastat.com, Jan. - Feb., 2010 1, socio - economic voices, IPE, Hyderabad. Retrieved August 8, 2013, from http://www.indiastat.com/article/13/Mahendra/fulltext.pdf

Paul, P. V. (2006). New literacies, multiple literacies, unlimited literacies: What now, what next, where to? A response to blue listerine, parochialism and ASL literacy. Journal of Deaf Studies and Deaf Education, 11(3), 21-26.

Partnership for 21st Century Skills (2009). 21st century skills, education & competitiveness: A resource and policy guide. Tucson, AZ. Retrieved July 2011, from http://www.p21.org/documents/21st_century_skills_education_and_competitiveness_guide.pdf

Pons, X. (2011). What Do We Really Learn from PISA? The Sociology of its Reception in Three European Countries (2001–2008)1 European Journal of Education. Vol. 46, No. 4; pp. 540 -548

Poster, M. (1995). The second media age. Cambridge: Polity Press.

Potter, W. J. (2010). The state of media literacy. Journal of Broadcasting & Electronic Media, 54(4), 675-696.

Right to Information Legislation Rating Methodology (2010). Retrieved in October 3, 2010, from http://www.access-info.org/en/advancing-the-right-to-know/111-rti-rating-methodology.

Scalise, K. (in press). Creating innovative assessment items and test forms. In R. W. Lissitz & H. Jiao (Eds.), Computers and their impact on state assessment: Recent history and predications for the future. Information Age Publisher.

Schon, D. A. (1983). The reflective practitioner: How professionals think in action. New York: Basic Books.

Sharmin, A. (2008). Concept of literacy: Past-present-future. Bdeduarticle.com, Retrieved April 21, 2012, from http://bdeduarticle.com/literacy/29-uncatagorized/15-concept-of-literacy-past-present-future

Stenhouse, D. (1986). Conceptual change in science education: Paradigms and language-games. Science Education, 70(4), 413-425.

Tanloet, P., and Tuamsuk, K. (2011). Core competencies for information professionals of Thai academic libraries in the next decade (A.D. 2010-2019). The International Information & Library Review, 43(3), 122-129.

Thompson, S. (Ed.) (2003). Prague Declaration Towards Information Literate Society, Received July 2011, from http://www.bibalex.org/infolit2005/finalreportprague.pdf

UIS Glossary. Montreal: UNESCO Institute of Statistics. http://www.uis.unesco.org/Pages/Glossary.aspx

UIS (2012). Adult and Youth Literacy, 1990-2015. Analysis of data for 41 selected countries. Montreal: UNESCO Institute for Statistics.

United Nations (1948) Universal Declaration of Human Rights. New York: United Nations.

United Nations (1966). International Covenant on Civil and Political Rights. New York: United Nations. http://treaties.un.org/doc/Publication/UNTS/Volume%20999/volume-999-I-14668-English.pdf

United Nations (2005). Household Sample Surveys in Developing and Transition Countries. New York: The United Nations.

United Nations (2013a). A New Global Partnership. Report of the High-Level Panel of Eminent Persons on the Post-2015 Development Agenda. New York: United Nations. p. 23. Retrieved October 8 2011, from http://www.post2015hlp.org/wp-content/uploads/2013/05/UN-Report.pdf

UNESCO (1946). Constitution. Paris : UNESCO.

UNESCO (2003). Recommendation concerning the Promotion and Use of Multilingualism and Universal Access to Cyberspace (2003). Paris: UNESCO.

UNESCO (2004). The United Nations Decade on Literacy (2003-2012). The Literacy Decade. Paris: UNESCO.

UNESCO (2005). Towards knowledge societies. UNESCO World Report. Paris: UNESCO. Retrieved July 2, 2011, from http://unesdoc.unesco.org/images/0014/001418/141843e.pdf

UNESCO (2006). Education for All Global Monitoring Report. Paris: UNESCO.

UNESCO (2008a). Global literacy challenge. A profile of youth and adult literacy at the mid-point of the United Nations Literacy Decade 2003 –2012. Retrieved April 17, 2011, from http://unesdoc.unesco.org/images/0016/001631/163170e.pdf

UNESCO (2008b). Media development indicators: A framework for assessing media development. Paris: UNESCO. http://unesdoc.unesco.org/images/0016/001631/163102e.pdf. Retrieved July 2011

UNESCO (2008c). ICT competencies standards for teachers. Paris/London: UNESCO. http://cst.unesco-ci.org/sites/projects/cst/The%20Standards/ICT-CST-Competency%20Standards%20Modules.pdf Retrieved July 2011.

UNESCO (2010). Education for All Global Monitoring Report. Reaching the Marginalized. Paris, UNESCO. Retrieved October 8, 2013, from http://unesdoc.unesco.org/images/0018/001865/186525E.pdf

UNESCO (2011a). Towards Media and Information Literacy Indicators. Paris: UNESCO. Retrieved November 15, 2012 from http://www.unesco.org/new/fileadmin/MULTIMEDIA/HQ/CI/CI/pdf/unesco_mil_indicators_background_document_2011_final_en.pdf

UNESCO (2011b). Media and Information Literacy Curriculum for Teachers. Paris : UNESCO. Retrieved July 2, 2012 from http://www.unesco.org/new/en/communication-and-information/resources/publications-and-communication-materials/publications/full-list/media-and-information-literacy-curriculum-for-teachers/

UNESCO (2011c). UNESCO ICT competency framework for teachers. Paris: UNESCO.

UNESCO (2013a). Conceptual relationship of Information Literacy and Media Literacy in Knowledge Societies. Series of Research Papers, WSIS+10 Review. Paris: UNESCO. Retrieved July 15, 2012 from http://www.unesco.org/new/fileadmin/MULTIMEDIA/HQ/CI/CI/pdf/wsis/WSIS_10_Event/WSIS_-_Series_of_research_papers_-_Conceptual_Relationship_between_Information_Literacy_and_Media_Literacy.pdf

UNESCO (2013b). Media and Information Literacy Policy and Strategy Guidelines. Paris: UNESCO.

Wainer, H. (1990). Computerized adaptive testing: A primer. Hillsdale, NJ: Lawrence Erlbaum Association.

Wang, C. & Chang, H. (2011). Item selection in multidimensional computerized adaptive testing: Gaining information different angles. Psychometrika, 76(3), 363-384.

Wang, C., Chang, H., & Boughton, K. (2010). Kullback-Leibler information and its applications in multidimensional adaptive testing. Psychometrika, 76(1), 13-39.

Weiss, D. J. (1982). Improving measurement quality and efficiency with adaptive testing. Applied Psychological Measurement, 6, 473-492.

Westby, C. (2010). Multiliteracies: The changing world of communication. Top Lang Disorders, 30(1), 64-71.

Wilson, C., Grizzle, A., Tuazon, R., Akyempong, K., & Cheung, C. K. (2011). Media and information literacy curriculum for teachers. Paris: UNESCO. Retrieved July 2011, from http://www.unesco.org/new/fileadmin/MULTIMEDIA/HQ/CI/CI/pdf/wmn/curriculum%20teachers.pdf

World Bank. (2012). Implementing a National Assessment of Educational Achievement. Washington DC: The World Bank.

World Summit on the Information Society (WSIS). (2003/2005). Held in two phases, the first phase: Geneva from 10 to 12 December 2003; Second phase, Tunis, 16 November 16-18, 2005. Retrieved July 2011, from http://www.itu.int/wsis/basic/about.html

Verma, S. et al. (2009). Core competencies: The next generation. Journal of Allied Health, 38 (1), 47-53.

Voogt, J., & Roblin, N. P. (2010). 21st century skills. Discussion paper. University of Twente.

词汇表

A	
Advertising 广告	A set of practices and techniques that draw consumer/audience attention to products or services with the purpose of persuading them to purchase the product or service advertised. 吸引消费者/受众关注产品或服务的一系列实践和技巧，目的是说服他们购买广告中的产品或服务。
Application 应用程序	A computer programme (see also 'programme'). 一种电脑程序（可见"programme"）。
Archetype 原型	A model or ideal form of a person or object that is held to represent subsequent versions of that person or object. 一个模型或理想中的人或物的形象，代表着他们的后续版本形式。
Assessment for learning 学习评估	A new name for formative assessment (see below). 形成性评估的新名称（见下文）。
Attitude 态度	The degree of actual power present in an individual or system to perform a given physical or mental act. Ability types are: cognitive ability, creative ability, intelligence, language ability, psychomotor skills and reading ability. A learned tendency to evaluate things or react to some ideas, persons or situations in certain ways, either consciously or unconsciously, that has an influence on behaviour. (UNESCO IBE Glossary of Curriculum Technology). 态度是个人或系统执行某一特定生理或心理行为的实际能力。包括的能力类型有：认知能力、创新能力、智力、语言能力、精神运动技能和阅读能力。有意识或无意识地评估事物或以某种方式对某些想法、人或情况做出反应的习得倾向，对行为产生影响。（联合国教科文组织IBE课程技术词汇表）。

Audience 受众	The group of consumers for whom a media text was constructed as well as anyone else who is exposed to the text. 文本建构所针对的消费群体，或任何接触媒介文本的人。
Auditory learning 听觉学习	Learning through listening—sometimes grouped with visual learning and kinaesthetic learning (see below) as one of three different types of learning. 通过听觉进行学习——有时会同视觉学习以及动觉学习（见下文）组合为三种不同的学习方法。

B

Blocking 网络拥堵	Refers to a technical way of obstructing access to digital content by preventing access to the address of a piece of information—Uniform Resource Locator or URL (see World Wide Web below). 指通过阻止一条信息的地址来阻止访问数字内容的技术方法——统一资源定位器或URL（见下文万维网）。
Blog 博客	A website, usually maintained by one person, where he or she posts commentary, descriptions of events, pictures or videos. Other users can leave comments on blog entries but only the owner can edit the actual blog. Blogs are often referred to as 'online journals'. 由个人维护的网站，通常是由个人上传对事件、照片或视频的评论和描述。其他用户可以留下对其博客文章的评论，但只有博客主才可以编辑实际的博客内容。博客通常被称为"网络日志"。

C

Capacity-building 能力建设	Increasing people's abilities, usually their ability to carry out their work, by improving their knowledge and skills. 通过提高知识和技能，提高人们完成任务的能力。

Citizenship (active) 公民身份（积极的）	The state of being a member of a defined community (political, national or social). Citizenship is usually understood to comprise a set of rights (e.g. voting and access to welfare) and responsibilities (e.g. participation). Active citizenship is the philosophy that citizens should work towards the betterment of their community through economic participation, public and volunteer work, and other such efforts to improve life for all citizens. 指政治的、民族的或社会的共同体中的具体成员身份。公民可以被理解为同时拥有权利（如投票和获得福利）和责任（如参与）的个体。积极的公民是指公民应该通过经济参与、公共活动和志愿工作，以及其他类似的努力，改善共同体的生活状况，增加所有公民的福祉。
Citizen journalism 公民新闻	Refers to the ability of people, using digital media, to interact with and reshape news and content by providing their own information, comment or perspective. 指人们利用数字媒体提供自己想要传达的信息、意见或观点，以重组新闻内容的能力。
Civic responsibility 公民责任	Citizenship status, under social contract theory, carries with it both rights and responsibilities. 根据社会契约论所赋予的公民身份，包括承载权利和义务两个方面。
Code of ethics/code of practice/diversity code 道德规范、行为规范、多样性规范	The set of principles of conduct for journalists that describe the appropriate behavior to meet the highest professional standards. Examples of such codes were established by the International Federation of Journalists (IFJ). Most share common principles, including truthfulness, accuracy, objectivity, impartiality, fairness and public accountability, as these apply to the acquisition of newsworthy information and its subsequent dissemination to the public. 这是一套记者行为原则，为记者描述了符合最高专业标准的适当行为。由国际记者联合会（IFJ）提出。这是这个行业中最具共识的原则规范，其中包括真实性、准确性、客观性、公正性、公平性以及对公众负责。这些原则被用来获得有新闻价值的信息，并向公众传播。

Communication

传播

A process whereby information is packaged, channelled and imparted by a sender to a receiver via a medium. All forms of communication require a sender, a message and an intended recipient. However, the receiver need not be present or aware of the sender's intent to communicate at the time of communication in order for the act of communication to occur.

由信息的发送者通过媒体包装、渠道和散布，将信息传递给接受者的过程。所有形式的传播都需要具有发送者、消息和预期的接受者三个要素。然而，接受者在接收信息时不必了解或意识到信息发送者的意图。

Competency

能力

The ability of an individual to mobilize and use internal resources such as knowledge, skills and attitude, as well as external resources such as databases, colleagues, peers, libraries, instruments etc., in order to solve a specific problem efficiently in a real life situation. The set of skills, knowledge and understanding/attitudes needed to do something successfully to a professional standard

个人为了有效解决现实生活中的具体问题，调动和利用如知识、技能和态度等内部资源，以及诸如数据库、同事、同行、图书馆和仪器仪表等外部资源的一种能力。根据专业标准，成功完成某件事所需要的一系列的技能、知识、对事情的态度以及理解。

Competency level

能力水平

A person's ability to fulfil a specific role or function. A specific grading scheme is used to recognize competency that can be understood and adopted across the individuals

可以理解为个人发挥特定作用或功能的能力。也可以理解为一个用来理解能力的具体的分级方案，这个方案可以为不同个体所认知和接受。

Computer Adaptive Testing (CAT)

计算机自适应测试（CAT）

A method of administering tests that estimates and adapts the choice of items to the respondent's level of attainment, as determined by previous responses. A CAT model is very different to a paper-and-pencil test, as it can select items based on prior responses by each individual, and can also record the way each respondent searches for, stores and retrieves information

一种实施测试的方法。它根据受访者之前的回答，采用相应的选择题目，对其进行水平的评估。计算机自适应测试与纸笔测试相比有很大差异，因为它可以根据每位受访者之前的回答选择题目，同时还可以记录每位受访者搜索、存储和检索信息的方式。

Composite indicator 综合指标	Several individual indicators compiled into a single index on the basis of an underlying model of the multidimensional concept that is being measured. 基于被测量的多维概念模型，将几个个别指标编译成一个单一指数。
Computerized Fixed Test (CFT) 计算机固定测试（CFT）	The digital version of a paper test, which facilitates data processing and reduces the likelihood of human error when compiling a database of results. 纸笔测试的数字化版本，便于数据处理，并能够在编译数据库结果时减少人为错误的可能性。
Construct validity 结构效度	Construct validity refers to the validity of inferences that observations or measurement tools actually represent or measure the construct being investigated. Constructs are abstractions that are deliberately created by researchers in order to conceptualize the latent variable, which is the cause of scores on a given measure (although it is not directly observable). Construct validity is essential to the perceived overall validity of the test. 指观察或测量工具实际代表的有效性，或者测量被调查结构的推论的有效性。结构研究人员有意建构的抽象概念，目的在于确定潜在的变量，这也是一个给定的测量中得分的基础（尽管不能直接观察到这个测量过程）。结构效度对测试的整体效度至关重要。
Content validity 内容效度	It (also known as logical validity) refers to the extent to which a measure represents all facets of a given social construct. 也被称为逻辑有效性，指的是一种对特定社会机构的各个方面进行测量的程度。
Context 语境	A set of facts and circumstances that surround a media text and help determine its interpretation. 围绕着媒介文本并帮助确定其解释的一系列事实和情况。

Contextual analysis 语境分析	The pedagogical approach in MIL teaching that focuses on the study and analysis of the technical, narrative and situational contexts of media texts. 在媒介与信息素养（ MIL）教学中使用的一种教学方法，此方法侧重于媒介技术、媒介叙事与媒介文本情景语境的研究和分析。
Convention 公约	In the media context: a standard or norm that acts as a rule governing behaviour. 在媒介环境下，作为管理与规制媒介行为的一个标准或规范。
Convergence 融合	The ability to transform different kinds of information, whether voice, sound, image or text, into digital code, which is then accessible by a range of devices, from the personal computer to the mobile phone, thus creating a digital communication environment. 媒体中的融合是一种将语音、声音、图像或文字等不同类型的信息转换成数字代码，能够让多种电子设备（比如从个人计算机传送到移动电话）对其进行访问，从而创建数字通信环境的能力。
Copyright 版权	A set of rights granted to the author or creator of a work, to restrict others’ ability to copy, redistribute and reshape the content. Rights are frequently owned by the companies who sponsor the work rather than the creators themselves, and can be bought and sold on the market. 指授予作品作者或创作者的一系列权利，以限制他人复制、重新发布和重塑作品的内容。版权通常由赞助作品的公司而不是创作者本人所拥有，可以在市场上买卖。
Course 课程	A programme of study. 一个学习计划。
Core indicator 核心指标	An essential, non-modifiable, irremovable indicator of the MIL Assessment Framework. 媒介与信息素养评估框架中的一个必不可少的、不可修改的、无法去除的指标。

Critical thinking 批判性思维	Critical thinking The ability to examine and analyse information and ideas in order to understand and assess their values and assumptions, rather than simply taking propositions at face value (c.f. also reflective thinking). 指检验和分析信息和观点的能力，以便了解和获得一定的价值观和观点，而不是简单地接受某种观点（参见反思性思维）。
Culture 文化	A shared, learned and symbolic system of values, beliefs and attitudes that shapes and influences perception and behaviour. 一种人们共享的、可习得的同时具有象征性的价值观、信仰和态度体系。它可以塑造、影响人们的观点和行为。
Curriculum 课程	A list of the topics to be learned in a course of study. (The terms 'curriculum' and 'syllabus' are used slightly differently in different countries, but essentially they both mean a list of what is to be learned). A set of courses the content of which is designed to provide a sequential approach to learning. 在研究的过程中需要学习的课程列表（术语"课程"和"课程大纲"在不同国家的使用略有不同，但本质上它们都指学习内容的列表）。一套课程的内容旨在提供一个持续的学习方法。
D	
Democracy 民主	A system of government where the people have final authority, which they exercise directly or indirectly through their elected agents, chosen in a free electoral system. It also implies freedom to exercise choice over decisions affecting the life of the individual and the protection of fundamental rights and freedoms. 一种政治体制。民主体制中的公民拥有最终决定权，公民通过选举直接或间接行使这种权利，并在自由选举制度下做出选择。民主也意味着选择对个体生活产生影响的决策，保护基本的权利和自由。

Digital citizenship 数字公民	Having the ICT equipment and skills to participate in a digital society, for example to access government information online, to use social networking sites, and to use a mobile phone. 指具有ICT(信息与通信技术)设备和技能,且能够参与到数字社会当中的公民。例如在网上获取政府信息、使用社交网站、使用手机等。
Digital literacy 数字素养	The ability to use digital technology, communication tools or networks to locate, evaluate, use and create information. It also refers to the ability to understand and use information in multiple formats from a wide range of sources when presented via computers, or to a person's ability to perform tasks effectively in a digital environment. 一种能够使用数字技术、通信工具或通过网络进行查找、评价、利用和创造信息的能力。同时它也指一种能够运用电脑在广泛的渠道中理解和使用多种格式信息的能力,或者指一个人在数字环境下能有效完成工作的能力。
Discourse 话语	The treatment of a subject or issue (spoken or written) discussed at length. 将一个主题或问题的处理进行(口头或书面)详细讨论的过程。
Diversity 多样性	Genuine respect for and appreciation of difference—central to the idea of pluralism. Democratic societies or systems protect and value diversity as part of human rights and respect for human dignity. 真正尊重和欣赏差异——这是多元主义思想的核心。民主社会或制度重视多样性,将其作为人权和尊重人的尊严的一部分。

E	
Editor 编辑	The person responsible for the editorial side of a publication, determining the final content of a text, especially of a newspaper or magazine. This term should be clearly differentiated from media owner, which refers to the person or group of stakeholders who own a media company. 负责出版物编辑方面的责任人，具有确定出版物的最终内容的权力，尤指报纸或者杂志编辑。这一术语应该与媒体所有者进行明确区分，后者指拥有媒体公司的个人或利益相关者群体。
Editorial independence 编辑自主	The professional freedom entrusted to editors to make editorial decisions without interference from the owner of the media outlet or any other state or non-state actors. 编辑在做出编辑决定时拥有职业性自由权利，这种权利不受制于媒体机构所有者或任何其他国家或非国家行为体的干扰。
Equality 平等	The idea that everyone, irrespective of age, gender, religion and ethnicity, is entitled to the same rights. It is a fundamental principle of the Universal Declaration of Human Rights captured in the words 'recognition of the inherent dignity and the equal and inalienable rights of all members of the human family is the foundation of freedom, justice and peace in the world'. The idea of citizenship embraces equality issues. 每个人，不论年龄、性别、宗教和种族，均可享有同样的权利。这是《世界人权宣言》中的一个基本原则，其中提到"承认人类大家庭所有成员的固有尊严和平等且不可剥夺的权利是世界自由、正义与和平的基础"。公民身份的概念包含平等问题。
F	
Film 电影	A form of entertainment that enacts a story by a sequence of images and sound, giving the illusion of continuous movement. 一种娱乐形式，通过一系列图像和声音来表演一个故事，给人以一组连续运动影像的假象。

Freedom of Expression 表达自由	A fundamental human right. It is used to indicate not only the freedom of verbal speech but any act of seeking, receiving and imparting information, regardless of the medium used. The freedom of the press is a corollary to this right and essential to the building and supporting of communities and civil society. 一项基本人权。言论自由不仅强调言论表达的自由，同时强调通过任何媒介获取、传播信息的自由。新闻自由是言论自由的必然结果，而且新闻自由对于建设和支持社区以及公民社会的建设至关重要。
Freedom of information 信息自由	The right of citizens to access information held by public bodies. 强调公民有权利获取由公共机构掌握的信息。
Freedom of speech 言论自由	The freedom to speak freely without censorship or limitation. 强调公民的自由表达不接受审查以及限制。
Freedom of the press 新闻自由	The media in general (not just print media) being free from direct censorship or control by government. This does not preclude the application of competition law to prevent monopolies, or state allocation of broadcast frequencies. 媒体（不只是平面媒体）通常免受政府直接审查和控制的自由。但这并不排除使用竞争法防止垄断和由国家分配广播频率资源。
G	
Gatekeeper 守门人	A generic term applied to anyone who has the role of filtering ideas and information for publication or broadcasting—the internal decision-making process of relaying or withholding information from the media to the masses. Gatekeeping occurs at all levels of the media hierarchy—from a reporter deciding which sources to include in a story to editors deciding which stories to print. 一个通用术语，适用于那些为出版或广播而过滤想法和信息的人，即从媒体向大众传递或隐瞒信息的内部决策过程。这一行为发生在媒体层级的各个层面——从记者决定在报道中包含哪些来源，编辑决定刊登哪些报道。

Genre 类型	A specific kind of media content (e.g. entertainment, information, news, advertising, drama, etc.). Each genre has its own general purpose and design. 特定种类的媒体内容（如娱乐、资讯、新闻、广告、戏剧等）。每种类型都有它自己的通用目标和设计。
Global village 地球村	First mentioned by Marshall McLuhan in his book The Gutenberg Galaxy, to describe how the globe has been contracted into a village by electronic technology and the instantaneous movement of information from every quarter to every point at the same time. It has come to be identified with the Internet and the World Wide Web. 马歇尔·麦克卢汉在他的《古腾堡星系》一书中首次提出，描述了全球的各个角落是如何通过电子技术和信息在各地的这个概念瞬时传输，让全球收缩成为一个村庄的。这在互联网和万维网中得到了印证。
Good governance 善治	Good governance is epitomized by predictable, open and enlightened policy-making, a bureaucracy imbued with professional ethos acting to further the public good, the rule of law, transparent processes, and a strong civil society participating in public affairs. 是可预见的、开放的、开明的政策制定程序的缩影，是为谋求公众利益、法治、透明程序规则而行使的一系列具有专业伦理的程序，以促进公民参与公共事务的强大公民社会的形成。
Governance 治理	Best understood as a process of governing that involves interaction between the formal institutions and those in civil society. Governance is concerned with who wields power, authority and influence, how these are used, and how policies and decisions concerning social and public life are made. Governance embraces both the institutions of government and the practices and behaviour that inhabit them. Governance may be qualified as good or poor. 最好被理解为正规机构和民间社会机构之间互动的管理过程。治理涉及谁掌握权力、权威和影响以及这些在管理过程中的应用，还包括有关社会和公共生活的政策和决定是如何制定的。治理涵盖政府机构本身，同时也涵盖这些机构的做法和行为。治理可以用好或差来衡量。

Hate speech 仇恨言论	Any communication that incites hatred of a defined group of people because of their collective characteristics (ethnicity, gender, sexuality, etc.). 任何因某一特定人群的集体特征(如种族、性别、性取向等)而引发对该群体仇恨的传播活动。
H	
Human rights 人权	A set of entitlements and protections regarded as necessary to protect the dignity and self-worth of a human being. Such rights are usually captured in national and international documentation that articulates these rights (e.g. Universal Declaration of Human Rights, the European Convention on Human Rights and the Convention on the Rights of the Child, etc.). Also, the rights of groups or peoples, such as poor and/or marginalized groups in society 一系列维护人类尊严和自我价值所必需的权利和保护措施。在国家层面和国际层面的文件中,都对这些权利进行了清晰的表述,包括《联合国人权宣言》、《欧洲人权公约》和《联合国儿童权利公约》等。此外还包括一些群体或民族的权利,比如贫困人群、社会边缘群体等。
Ideology 意识形态	A doctrine, philosophy, body of beliefs or principles belonging to an individual or group. It can be thought of as a comprehensive vision, a way of looking at things (as in common sense and several philosophical tendencies), or as a set of ideas proposed by the dominant class of a society to all members of this society. 一种属于个体或群体的学说、哲学、信念体系或原则。它可以被看作是一种综合的视野、一种看待事物的方式(如常识或某些哲学倾向),或者是由社会统治阶级向所有社会成员传达的一系列观念。

Information and communication technologies (ICT) 信息与通信技术（ICT）	All technical means used to handle information and facilitate communication, including computer and network hardware, as well as necessary software. ICT includes telephony, broadcast media, and all types of audio and video processing and transmission. It stresses the role of communications (telephone lines and wireless signals) in modern information technology. 所有用来处理信息和促进沟通的技术手段都可以被理解为信息与通信技术，包括计算机及网络硬件，以及必要的软件。ICT包括电话、广播媒体以及所有类型的音频和视频的处理与传输。ICT尤其强调通信在现代信息技术（电话线和无线信号）当中的作用。
Image 形象	An iconic mental representation or picture. 一个具有符号性的精神表征或图景。
Indigenous or community media 本地或社区媒体	Any form of media that is created and controlled by a community—either a geographic community or a community of identity or interest. Community media are separate from either private (commercial) media, state-run media or public broadcast media. These media are increasingly recognized as a crucial element in a vibrant and democratic media system. 由社区创建和控制的任何形式的媒体，这里的社区包括地理意义上的社区和由不同身份和利益所形成的社区。社区媒体是一种不同于私人或商业媒体、国营媒体或公共广播媒体的媒体形式。这些社区媒体越来越被视为一个充满活力和民主的媒介体系中的关键因素。
Information 信息	A broad term that can cover data; knowledge derived from study, experience, or instruction; signals or symbols. In the media world, the term ‘information’ is often used to describe knowledge of specific events or situations that has been gathered or received by communication, intelligence or news reports. 一个涵盖数据的宽泛术语；从学习、经验或指导中获得的知识；信号或符号。在媒体领域中，“信息”通常用于描述从通信、情报或者新闻当中收集或接收到的特定事件或情况的知识。

Information sources 信息源	The persons, groups and documents from which information is obtained. 信息的来源地，包括个人、团体和文档。
Information literacy 信息素养	The ability to recognize when information is needed and to locate, evaluate, effectively use and communicate information in its various formats. Information literacy includes the competencies to be effective in all stages of the lifecycle of documents of all kinds; the capacity to understand the ethical implications of these documents; and the ability to behave in an ethical way throughout the stages. 这是一种认识到何时需要信息，并对信息进行定位、评估以及有效地使用和传播各种形式信息的能力。信息素养的能力包括：对任何形式的文件所在生命周期内的各个阶段进行有效解读；了解这些文件的伦理内涵；在各个阶段符合伦理的行事能力。
Internet 互联网	A global system of interconnected computer networks that use the standard Internet Protocol Suite（TCP/IP） to serve billions of users worldwide. It is a network of millions of private, public, academic, business and government networks, of local to global scope, that are linked by a broad array of electronic and optical networking technologies. See also World Wide Web. 全球互联计算机网络系统，使用标准互联网协议套件（TCP/IP）为全球数十亿用户提供服务。互联网是由数以百万计的私人、公共、学术、企业和政府网络所构成的，通过一系列广泛的电子和光学网络技术连接在一起。另请参阅万维网。
I	
Indicator 指标	A data element that represents statistical data for a specified time, place, and other characteristics—observation from a performance 一种数据元素，从观察中获得的表示特定时间、地点和其他特征的统计数据。

J	
Journalism 新闻	The collecting, writing, editing and presentation of news in newspapers, magazines, radio and television broadcasts or the Internet. 在报纸、杂志、广播和电视或互联网上收集、撰写、编辑和发布新闻。

K	
Kinaesthetic learning 动觉学习	An approach to learning that involves physical activity rather than, for example, listening to a lecture. 一种涉及体育活动而不是通过所讲座等进行学习的方式。
Knowledge 知识	The fact or condition of having information or of being learned. Information that is presented within a particular context, yielding insight on application in that context, by members of a community. In a broad sense, theory (concepts, principles, models, etc.) that can be learned through schools and academic institutions, books, encyclopaedias, the Internet or any other learning support. 从事实或者情形中获得的信息或学到的事物。这类信息通常在特定环境中呈现，通过共同体成员形成在特定情境下利用这类信息的洞察力。从广义上讲，理论（概念、原则、模型等）可以通过学校和学术机构、书籍、百科全书、互联网或任何其他学习方式进行学习。
Knowledge worker 知识劳动者	A person who develops, produces, applies and lives from his/her knowledge whose main capital is knowledge. 以知识作为主要资本，利用知识发展自身、生产产品、谋求生存的人。

Knowledge societies 知识社会	A society that nurtures its diversity, and that takes advantage of its many knowledge forms, from indigenous local wisdom to high-level techno-scientific knowledge. This concept emphasizes that knowledge is not only produced in a scientific laboratory but is also represented in the accumulated experience of humankind in all nations. To plan for the participation of future generations in the digital knowledge society, it is advocated that people in all societies, including textbased and oral societies, should have an opportunity to receive MIL training 指充分利用从本土智慧到高水平科学技术等各种形式的知识优势，培育具有多样性特征的社会。知识不仅产生于科学实验室，而且可以由各个国家的人类经验积累产生。为了让下一代参与到数字知识社会之中，应提倡所有类型社会（包括以文本为主和以口语为主的社会）中的人都有接受媒介与信息素养培训的机会。
L	
Latent trait measurement model 潜质测量模式	The premise that skills cannot be observed directly (unlike height and length); we can only measure them from the responses given to specific test items. 该模式的前提是，技能是不能直接获得的，我们只能根据受测者在规定测试项目中的反应来衡量这些技能。
Learner-centred 以学习者为中心	An approach to education that places the learner at the heart of the learning process. Here the needs and aspirations of individuals are placed at the centre of any learning process or programme, focusing particularly on the experiences they bring to the learning situation. It embraces the notion of participation, and values the learner's contribution to the community of learning. 一种将学习者置于学习过程中的核心位置的教育方法。学习者的需求和个人愿望被置于任何学习过程或项目的中心，尤其关注学习者引入学习情境中的学习经验。这种学习方法强调参与的理念，注重学习者对学习共同体的贡献。
Library skills 图书馆技能	Competency in the use of a library. 一种使用图书馆资源的能力。

Learning society 学习型社会	A society that embraces the idea that everyone should keep learning throughout life. 一种每个人都应该保持终身学习这一理念的社会形态。
Lifelong learning 终身学习	Connected to the idea of learner-centred education. It recognizes that learning does not 'start' and 'stop' after a programme of instruction within a specific time and space. Each individual is constantly learning, which makes media and information technologies critical to sustain this kind of learning. It occurs in various settings (places of work, in community activities, non-formal education settings, etc.) 与以学习者为中心的教育理念息息相关。该理论认为，学习这一行为不应该随着在特定时间和地点内所实施的教育项目的开始而开始，结束而结束。每一个人都应该不断地学习，这使得媒体和通信技术在维持这种学习方式的过程中成为关键。学习可以在工作场所、社区活动、非正规教育环境等各种背景下进行。
M	
Mainstream media 主流媒体	Media disseminated via the largest distribution channels, which are therefore representative of what the majority of media consumers are likely to encounter. The term also denotes media that generally reflect the prevailing currents of thought, influence or activity. 主流媒体占有媒体传播中最大、最广泛的传播渠道，因此是绝大多数媒介消费者都可能会接触到的媒体。该术语也指传播当下主流思想、影响或者行为的媒体。
Marketing 营销	The process by which companies create customer interest in goods or services. Marketing generates the strategy that underlies sales techniques,business communication and business developments. 企业吸引消费者对其产品或服务产生兴趣的一个过程。营销包括销售技巧、商务沟通和业务发展在内的战略。
Mass media 大众传播媒介	Channels of communication through which messages flow and which are designed to be consumed by large audiences using the agencies of technology. 消息流以及大量受众使用媒介技术进行消费的传播渠道。

Media 媒体	Physical objects used to communicate, including mass media (radio, television, computers, film, etc.). Media are a source of credible information in which contents are provided through an editorial process determined by journalistic values and where editorial accountability can be attributed to an organization or a legal person. In more recent years the term 'media' is often used to include new online media 用于通信的物理对象，包括所有的大众传播媒介（收音机、电视机、计算机、电影等）。媒体是可靠信息的来源，媒体所发布的内容是否具有新闻价值由编辑来决定，媒体机构或法人应负有编辑责任。近年来，“媒体”的概念还包括新兴的网络媒体。
Media content 媒介内容	It is information that was produced and published by media and delivered via any medium such as the Internet, television, radio, ICTs as well as live events to the enduser/audience in specific contexts. 通过媒介生产并进行传播的信息，包括互联网、电视、广播、信息与通信技术以及能够传递给特定情境下的终端用户或者受众的直播事件等。
Media and Information Literacy (MIL) 媒介与信息素养	The essential competencies (knowledge, skills and attitudes) that allow citizens to engage effectively with media and other information providers and develop critical thinking and life-long learning skills for socializing and becoming active citizens. M.I.-literate person, is used as a shorter version of Media and Information literate person. 公民有效地与媒体以及其他信息提供者进行互动的基本能力（包括知识、技能和态度），它能够培养公民的批判性思维，形成终身学习技能，使之成为积极公民。具有媒介与信息素养的人的缩写形式是M.I.。
MIL Country Readiness 媒介与信息素养国家准备情况	Readiness The level of a country's capacities to take up MIL initiatives at the national level, as determined by international measurement tools and standards. 国家层面采取媒介与信息素养计划的能力水平，由国际测量工具和标准确定。

MIL Country Readiness Model 媒介与信息素养国家准备模型	A method proposed by the MIL Global Assessment Framework to assess country readiness for the planning and implementation of MIL-related initiatives. It includes five categories of initiative that are important for creating an enabling environment on MIL and three levels of country readiness. 由媒介与信息素养全球评估框架提出的一种方法，对国家规划和实施媒介与信息素养相关计划的准备情况进行评估。该方法包括五类举措，这些举措对形成媒介与信息素养发展的有利环境以及国家准备情况的三级水平模型具有非常重要的意义。
MIL competencies 媒介与信息素养能力	A set of competencies that empower citizens to access, retrieve, evaluate, understand, use and create information and media content in all formats and sources, using ICTs in a critical, ethical and effective way. The MIL competencies are composed of knowledge, skills and attitudes. Although often synonymous with 'skills', in this document and for the MIL Assessment Framework, UNESCO uses the term, competencies, which is also more relevant when applied to a complex environment, including cognitive, metacognitive and non-cognitive factors. 赋予公民在面对各种形式和来源的信息时的访问、检索、评估、理解、运用和创造信息与媒介文本的能力，以及批判地、有道德地、有效地利用信息与通信技术的能力。媒介与信息素养能力由知识、技能和态度三个方面构成。 尽管人们经常认为媒介与信息素养往往等同于“技能”，但结合本文件以及媒介与信息素养评估框架，联合国教科文组织使用了“能力”这一术语，更适用于复杂的环境，包括认知、元认知和非认知因素。

MIL Country Readiness Profile 媒介与信息素养国家准备概况	A set of qualitative and quantitative indicators to gauge the preparedness of a given country for MIL. Five categories of initiative have been identified as being important for creating an enabling MIL environment at the national level: Media and information education; Media and information literacy policy; Media and information supply; Media and information access and use; and civil society. 用来衡量某个国家媒介与信息素养的一组定性和定量指标。其中有五项措施对在国家层面形成有利于媒介与信息素养发展的环境至关重要。这五项措施包括：媒介和信息教育；媒介与信息素养政策；媒介和信息资源；媒介和信息的获取与使用；公民社会。
MIL Analysis Model 媒介与信息素养分析模型	A structure that describes major MIL Assessment parameters related to the literacy, competencies and enabling environment. 用来描述媒介与信息素养主要评估参数的结构，这些参数与知识、能力和有利环境相关。
Media languages 媒介语言	Conventions, formats, symbols and narrative structures that indicate the meaning of media messages to an audience. Symbolically, the language of electronic media works in much the same way as grammar works in print media. 向受众传达信息的惯例、格式、符号和叙事结构。电子媒介语言与印刷媒介语言在语法结构的象征性上有异曲同工之妙。
Media literacy 媒介素养	Understanding and using mass media in either an assertive or non-assertive way, including an informed and critical understanding of media, the techniques they employ and their effects. Also the ability to read, analyse, evaluate and produce communication in a variety of media forms (e.g. television, print, radio, computers etc.). 以任何一种确定或不确定的方式来理解和运用大众媒介，包括明智地和批判性地理解媒体所运用的技术及其带来的影响。媒介素养还包括使用任何形式的媒体进行读取、分析、评价和传播多种形式的信息（例如，电视、印刷品、广播、计算机等）的能力。

Merchandising 商品销售	Activities aimed at the quick retail sale of goods using bundling, display techniques, free samples, on-the-spot demonstration, pricing, special offers, and other point-of-sale methods. 通过对商品进行捆绑销售、技术展示、免费提供样品、现场演示、优惠价格以及其他销售方法的一种旨在快速零售商品的活动。
Message 讯息	The information sent from a source to a receiver. 从信息源发送到受众的信息。
Mixed delivery methodology 混合传送方式	Paper-and-pencil test with or without some semi-automatized features and access to the Internet. It could be delivered on CD-ROM or Memory stick (USB) formats. The results are not sent to the central server. 一种结合或不结合半自动化功能进入互联网的纸笔测试。这种模式可以刻录成光盘也可以拷贝进记忆棒，而结果并不会传输进中央服务器。
Multiple latent trait measurement model 多元潜在特点测量模式	Model used to measure multiple skills. For example, to answer an item correctly, the student not only needs to know addition, but also subtraction. 用于测量多种技能的模式。例如，为了正确地回答一个问题，学生不仅需要知道加法，还要知道减法。
Multimedia 多媒体	The combined use of several media, especially for the purposes of education or entertainment. It can also mean the integration of text, sound, full-or partial-motion video or graphics in digital form. 多种媒体的综合使用，尤指出于教育或娱乐的目的。它也可以指融合文字、声音、动态或半动态视频、数字模型图像的媒体形式。

Multi-stakeholderism 多元利益相关主义	A principle applied in international cooperation inviting different stakeholders to express their positions on a specific subject. Typically, six groups of stakeholder are involved: governments, international organisations, nongovernmental organisations, business sector, technical communities, and academic organisations. 国际合作的一项原则，邀请不同利益相关者就某一特定议题表达各自的立场。通常涉及六组利益相关者，包括：政府、国际组织、非政府组织、商业部门、技术团体和学术组织。
Myth 神话	Myths represent implicit belief systems that express the ears, desires and aspirations of a culture, such as the myth of the 'heroic journey 神话代表了某种文化所要表达的恐惧、欲望以及愿望中所隐含的信仰体系，如“英雄之旅”的神话。
Narrative 叙事	The telling of a story or plot through a sequence of events. In the context of a media text, it is the coherent sequencing of events in time and space. 通过一系列事件来讲述一个故事或情节。在媒介文本中，叙事是对事件在时间和空间上的连续性表述。
National assessment 国家评估	A tool for providing feedback on a limited number of outcome measures that are considered important by policy makers, politicians, and the broader educational community (World Bank). 对有限数量的国家评估结果提供反馈的工具，这些评估结果在政策制定者、政界人士以及更广泛的教育界（世界银行）看来非常重要。
N	
Network 网络	Computers that are linked together, either by wires or wirelessly. These linked computers could be in a classroom, an office building or in different parts of the world. 通过有线或无线网络链接在一起的计算机。这些链接在一起的计算机可以同在一个教室、办公楼，还可以在世界不同地方。

News 新闻	The communication of information on current events through print, broadcast media, Internet or word of mouth to a third party or mass audience. 通过印刷品、广播媒体、互联网或口头传播向第三方或大众受众传播时事信息。
News media 新闻媒体	The section of the mass media that focuses on presenting current news to the public. It includes print media (e.g. newspapers and magazines), broadcast media (radio and television), and increasingly, Internet-based media (e.g. World Wide Web pages and blogs). Content organized and distributed on digital platforms. 大众传播媒体的一部分，重视即时向公众传播当下发生的新闻事件。它包括印刷媒体（如报纸、杂志）、广播媒体（广播、电视），以及越来越多的基于互联网的媒体（如万维网网页和博客）。其文本的组织和发布都在数字平台上进行。
Newspaper 报纸	A regularly scheduled publication containing news, information and advertising, usually printed on relatively inexpensive, low-grade paper, such as newsprint. 一种包含新闻、信息和广告的定期出版物，通常用相对便宜的低级纸张（如新闻纸）印刷。
News values 新闻价值	Sometimes called news criteria, they determine how much prominence a news story is given by a media outlet, and the attention it is given by the audience. Some of the most important news values include frequency, unexpectedness, personalization, meaningfulness or being conflict-generated. 有时被称为新闻标准。新闻价值是确定媒体机构报道了多少有含金量的信息，是否能吸引受众的决定性因素。最重要的一些新闻价值观包括：发生的频率、不可预测性、个性化、极具意义或者是有冲突的产生。
O	
Online 在线	To be connected to the Internet or a computer network. 连接到互联网或计算机网络。

P

Paper-and-pencil test (PP) 纸笔测验（PP）	A general assessment tool in which the respondent needs to read questions and respond in writing. Several respondents can be assessed at the same time or at different times. Easily adapted to environments where computers are not available for testing, or the target population is not familiar with new ICTs. 一种通用的评估工具，受访者需要阅读问题并以书面形式做出回答。多个受访者可以在同一时间或在不同的时间接受评估。易于在无法使用计算机进行测试的环境下或者接受测试的目标人群不熟悉信息与通信技术的情况下进行测试。
Participation (civic) 参与（公民）	Participation is at the heart of democracy, with its main aim to ensure that each individual can take his or her place in society and make contributions to its development. It is an important element of democratic practice and crucial to decision-making processes, considered a cornerstone of basic human rights. 参与是民主的核心，其主要目的是确保每一个个体都能在社会中占有一席之地并为社会发展做出贡献。它是民主实践和决策过程的一个关键因素，被视为基本人权的基石。
Professional learning 专业学习	The additional skills and knowledge that teachers acquire in their work, beyond what they learned to become qualified teachers, e.g. through courses, programmes,conferences, seminars, events and workshops, from colleagues, through experience and experimentation, personal research and reflection, and through membership of professional networks and associations. Sometimes referred to as 'professional development' or 'CPD' (continuous professional development). 教师在工作中掌握的额外技能和知识，超出了他们成为合格教师所学的内容，例如通过课程、项目、会议、研讨会、活动和工作坊获得的技能和知识，或者来自同事，或者通过经验和实验，或者通过个人的研究和反思，或者通过专业的网络和协会等途径获得。有时被称为"专业发展"或者"CPD"（持续专业发展）。

Programmed 程序	Another word for software, application, package, e.g. Microsoft Word, or Adobe Photoshop. The set of instructions loaded into a computer that enable it to provide specific functions, such as word processing, spreadsheets, presentations, databases, and image editing. 软件、应用、压缩包等的另一种说法，例如 Microsoft Word 或Adobe公司的Photoshop。该组指令被加载到计算机，使它能够提供特定功能，例如文字处理、电子表格、演示文稿、数据库和图像编辑。
Pluralism (media) 多元化（媒介）	Characterized by a diversity of media outlets, both in terms of ownership (private, public and community) and types of media (print, radio, television and Internet). More broadly, pluralism in society is characterized by a situation in which members of diverse ethnic, racial, religious or social groups maintain an autonomous participation in and development of their traditional culture or special interests within the confines of a common civilization. 具有媒介来源多元化的特点，包括所有权（私有、公共和社区）和媒体类型（报刊、电台、电视和互联网）两个方面。广义地讲，在多元化社会中，在共同的文明约定的范畴内，不同种族、民族、宗教或其他社会群体具有自主参与社会活动，发展其传统文化和特殊兴趣的自由。
Podcasts 播客	Audio and video media files that are released periodically and may be listened to offline on electronic devices. 定期发布音频和视频媒体文件，可以在离线电子设备上收听。
Poor governance 治理不善	Characterized by arbitrary policy-making, unaccountable bureaucracies, unenforced or unjust legal systems, the abuse of executive power, a civil society unengaged in public life, and widespread corruption. 以武断的决策、不负责任的官僚机构、非强制或不公平的法律制度、行政权力滥用、公民社会不参与公共生活和普遍的腐败为特点。

Popular culture 流行文化	The totality of ideas, perspectives, attitudes, themes, images and other phenomena that are preferred by an informal consensus in the mainstream of a given culture, especially Western culture of the early to mid-20th century and the emerging global mainstream of the late 20th and early 21st centuries. 一个既定主流文化中非正式共识所偏爱的想法、观点、态度、主题、图片等现象的总和。这种既定主流文化尤指20世纪早期到中期的文化以及20世纪末到21世纪初所兴起的全球主流文化。
Press 出版业	Print media responsible for gathering and publishing news in the form of newspapers or magazines. 负责收集和发布新闻的报纸或杂志等印刷媒体。
Print media 印刷媒体	Media consisting of paper and ink-reproduced in a printing process that is traditionally mechanical. 在传统机械上由纸和油墨印刷形成的媒介。
Production 生产	The process of putting together media content to make a finished media product. It can also refer to the process of creating media texts as well as the people engaged in this process. 收集媒体内容用以完成媒介产品的过程。它还可以指创建媒介文本的过程以及参与这一过程的人。
Propaganda 宣传	A form of communication aimed at influencing the attitude of a community towards some cause or position. 旨在影响一个社会团体针对一些事件或观点的态度的沟通形式。
Public domain 公共领域	A term applied to original creative works, including poetry, music, art, books, movies, product designs and other forms of intellectual property, such as computer programmes. Being in the public domain means that the creative work can be used for any purpose the user desires. Public domain items are considered part of the collective cultural heritage of society in general, as opposed to the property of an individual. 一种适用于原创作品，包括诗歌、音乐、艺术、书籍、电影、产品设计和其他形式的知识产权的术语，如计算机程序。处于公共领域意味着创意作品可以用于用户想要的任何目的。公共领域的项目被认为是整个社会集体文化遗产的一部分，而不是个人的财产。

Public interest 公共利益	The concept of general welfare or benefit to the public as a whole, in contrast to the particular interests of a person or group. There is no agreement as to what constitutes the public interest, but the term reflects the sense that some interests pertain to everyone, regardless of their status or position, and require action to protect them. 公共利益作为一个整体的公共福利和利益的概念，以与个人或群体的特殊利益相区分。目前尚没有关于公共利益的共识，但这个术语反映了所有人都有其特殊的利益，不论其地位如何，都要维护其利益。
Public service media 公共服务媒体	Publicly funded media that are often required to play a role in supporting the public interest by providing balanced and diverse programming that is representative of the community as a whole. 由公共资金资助的媒体，通过实施反映社会整体利益的平衡多样化的项目，这些媒体发挥支持公共利益的作用。
Public service ad 公益广告	A type of advertisement（'ad'） that addresses some aspect of the public interest, rather than a product or brand. 一种针对公共利益的某些方面的广告，而不是一个产品或品牌的广告。
Public sphere 公共领域	The notion of a public space in which members of society can meet and freely exchange news, information and opinions on matters of common concern in public, on the basis of equality and inclusivity. The most influential modern theorist of the public sphere is Jürgen Habermas. 在平等和包容的基础上，社会成员可以在公共空间会面并就共同关心的问题自由交换信息和意见。哈贝马斯是现代公共领域最具影响力的理论家。
R	
Racism 种族主义	The belief that the genetic factors that constitute race are a primary determinant of human traits and capacities and that racial differences produce an inherent superiority of a particular race. 种族主义认为一种构成种族的遗传因素是人类特性和能力的主要决定因素，并且认为种族差异导致某一特定种族的内在优越性。

Radio 广播	Communication of audible signals encoded in electromagnetic waves; transmission of programmes for the public by radio broadcast. 以电磁波编码的音频信号的通信，通过无线电广播向受众传播节目。
Reflective thinking 反思	The ability to think about what one is doing, to go beyond a take-it-for-granted mentality, and hence to make new discoveries (c.f. also critical thinking). 思考自己或他人的做事方法，对事物的理解与判断并不是理所当然的，进而对事物产生新的判断和发现的能力（类似于批判性思考）。
Regulation (media) 媒体规范	Refers to attempts to control or affect the behaviour of media organizations and media actors by developing and enforcing rules and codes for their behavior 指通过制定和执行行为规则和守则，从而控制或者影响媒体组织和媒体从业者的行为。
S	
Self-regulation 自律	Rules imposed by political or economic actors on themselves. For the media, self-regulation implies respecting codes of ethics and codes of practice without interference from any governing source or institution. 对自身施加政治或经济行为规范。媒体自律意味着在不受任何机构干扰的前提下尊重行业道德规范和行为守则。
Sexism 性别歧视	Prejudice or discrimination based on gender, especially discrimination against women—behaviour, conditions or attitudes that foster stereotypes of social roles based on gender. 基于性别的歧视与偏见行为，特别是针对妇女的偏见或歧视。这种在行为、环境或者态度上的歧视逐渐转换成对基于性别的社会性刻板印象。
Skill 技能	A learned ability to carry out pre-determined tasks often with the minimum outlay of time, energy, or both in a specific area such as communication, language, learning, mechanical, teaching, etc. 在有限时间和精力允许的情况下贯彻与完成预定任务的能力，主要针对一些特定领域，如通信、语言、学习、机械、教育等领域。

Social networking 社交网络	Online connections with people in networks surrounding a common interest or activity. Social network activity includes people publishing profiles that provide information about themselves. 'Facebook' is an example of a popular social network. 人们基于共同兴趣或者活动，通过网络进行联系的网络行为。社交网络行为包括人们的自我传播行为，例如"Facebook"这一流行社交网络应用。
Software 软件	The programmes (see above) and data that give instructions to a computer on how to handle data or operations of various kinds. Examples range from office software that produces and manipulates data, to software that controls the shaping and editing of images. 对计算机该如何处理数据或者如何进行操作给出指令的一组程序或数据，例如产生和处理数据以及处理图像的办公软件等。
Stereotype 刻板印象	A common form of media representation that uses instantly recognized characteristics to label members of a social or cultural group. It can have both negative and positive connotations. 通过媒体向公众再现公认的特定社会或文化群体的形象，使得公众能够立即识别出来该群体。刻板印象具有正面和负面双重含义。
Storyboard 故事板	Pictorial representation of a film sequence often depicted as a series of comic-book style drawings—part of a director's preparation for a film shoot. 电影拍摄前的一个步骤，该步骤将电影的故事情节描绘成系列漫画书风格的图册，这是导演筹备电影拍摄的重要组成部分。
Student-centred 以学生为中心	Teaching styles or learning activities in which students are active rather than passive, in the sense that they undertake projects or investigate or experiment for themselves rather than listening passively to the teacher. 一种教学方式或学习方式，该理论认为学生在学习过程中是主动而非被动的，在这个意义上，他们主动参与项目、调查或实验，而不是被动地听教师讲课。

Symbolism 象征主义	The use of symbols, including images, concepts and archetypes, to represent aspects of reality (e.g. bad cowboys wearing black hats and good cowboys wearing white hats). 使用符号，包括图像、概念和原型，来表现现实的方方面面（例如坏牛仔戴黑色的帽子，好牛仔戴白色的帽子）。
T	
Target audience 目标受众	The group of people to whom a media text is specifically addressed because of a set of shared characteristics, such as age, gender, profession, class, etc. 专门针对具有共同特征（如年龄、性别、职业、阶层等）的群体的媒介文本。
Teacher education 教师教育	The course of study, usually provided by a university or other higher education institution, which qualifies a person to be a schoolteacher. Sometimes referred to as 'teacher training' or 'initial teacher training'. 通常指由大学或其他高等教育机构提供的培养合格教师的学习课程。有时称为"教师培训"或者"初始教师培训"。
Technology 技术	Hardware used to create and communicate with media (e.g. radios, computers, telephones, satellites, printing presses, etc.). It is often used as another word for ICT, although strictly speaking 'technology' can mean almost any type of tool or applied knowledge. For example, pencil and paper, slates, blackboards and whiteboards are all types of writing technology. 用于创建和媒体沟通的硬件（例如收音机、计算机、电话、卫星、印刷机等）。它经常被用作信息与通信技术（ICT）的另一个名词，虽然严格来说，"技术"意味着几乎任何类型的工具或应用知识（例如纸笔、石板、黑板和白板都是不同类型的书写技术）。
Technology resources 技术资源	Digital information, and digital hardware and software. 数字信息，数字化硬件和软件。

Television 电视	The transmission of dynamic or sometimes static images, generally with accompanying sound, via electric or electromagnetic signals; the visual and audio content of such signals; and the organizations that produce and broadcast television programmes. 经由电子或电磁信号传输动态或静态图像，通常伴随声音的传输；此类信号所传输的音频和视频内容；制作和播放电视节目的组织机构。
Text 文本	Media text usually refers to the individual results of media production, both written audio and video, (e.g. a TV episode, a book, an issue of a magazine or newspaper, an advertisement, etc.). 媒介文本通常指媒体制作的个人成果，包括书面音频和视频，如一集电视剧、一本书、一期杂志或报纸、一则广告等。
Tier 层次	A layer, ranking or classification group in any hierarchy. 任何等级层次中的一层、排名或分类组。
Tool 工具	Digital hardware and software (as in digital tools). 数字硬件和软件（如在数字化工具中）。
U	
User-generated content (UGC) 用户生成的内容（UGC）	Various kinds of publicly available media content that can be produced by the users of digital media. Those consuming the content therefore also produce content. Also known as consumer-generated media (CGM) and user-created content. 数字媒体用户生产的各种公开的媒体内容。消费这些媒体内容的人同时也是内容的生产者。也被称为消费者生产的媒介（CGM）和用户创建内容。
V	
Visual learning 视觉学习	A style of learning based on absorbing images or by watching demonstrations. 一种基于吸收图像或观看演示的学习方式。

Visual media 视觉媒体	Media that rely on images to communicate meaning (e.g. television, film, the Internet, etc.). 依赖图像交流信息的媒体(例如电视、电影、互联网等)。
W	
Web content 网络内容	Information on websites. 网站上的信息。
Web 2.0 Web 2.0	Applications that facilitate interactivity and allow users to design their own software features. Web 2.0 applications emphasize the importance of collaboration and sharing. 便于互动性的应用程序和让用户自己设计的软件功能。Web 2.0应用程序强调合作与分享的重要性。
Website 网站	A collection of web pages, images and data with a common Uniform Resource Locator (URL) (see World Wide Web below). 集网页、图像和数据于统一资源定位的集合体(URL)(详见下面的万维网)。
Wiki 维基(Wiki)	A website usually maintained by more than one person, where users collaborate on content. They often have multiple, interlinked pages and content including commentary, description of events, documents, etc. A wiki differs from a blog in that its content is usually updated by multiple users and a larger variety of materials can be downloaded and uploaded onto it. 一个通常由多人维护的网站,用户之间协作编写内容。往往有多个相互关联的页面和内容,包括评论、事件描述、文档等。维基与博客的不同之处在于它的内容通常是由多个用户更新,同时可以下载和上传更多种类的材料。
World Wide Web 万维网	A service operating over the Internet that enables large volumes of content to be available by providing three key functions: a publishing format, HyperText Markup Language (HTML); an address for each piece of information (known as its Uniform Resource Locator or URL); and a means of transferring information, through the HyperText Transfer Protocol (http). 一种能够提供大量内容的互联网服务。提供这种服务的三个关键功能包括:超文本语言(HTML)格式;每条信息的地址(即统一资源标识符或URL);通过超文本传输转化信息协议(http)传输信息。

注　释

[1] UNESCO, Institute of Statistics. Online glossary [accessed 17 April 2013] http://www.uis.unesco.org/Pages/Glossary.aspx [accessed 17 April 2013]

[2] For the preparation of the MIL Assessment Framework, several alternative terms were reviewed. The suggestions for alternative names are presented in Annex A. The major concern was to avoid a mechanical combination of the concepts, particularly media literacy and information literacy. UNESCO decided to use the term MIL, as it brings together information, media, ICT and digital aspects into a single holistic concept.

[3] UNESCO Information for All Programme (IFAP) http://www.unesco.org/new/en/communication-and-information/intergovernmental-programmes/information-for-all-programme-ifap/

[4] http://www.unesco.org/new/en/communication-and-information/intergovernmental-programmes/ipdc/

[5] http://www.unesco.org/new/en/communication-and-information/flagship-project-activities/unesco-and-wsis/homepage/

[6] http://www.un.org/en/ecosoc/about/mdg.shtml

[7] http://www.unesco.org/new/en/education/themes/leading-the-international-agenda/education-for-all/

[8] http://www.unesco.org/new/en/communication-and-information/access-to-knowledge/linguistic-diversity-and-multilingualism-on-internet/normative-instruments/recommendation/

[9] http://portal.unesco.org/en/ev.php-URL_ID=17721&URL_DO=DO_TOPIC&URL_SECTION=201.html

[10] http://portal.unesco.org/en/ev.php-URL_ID=31038&URL_DO=DO_TOPIC&URL_SECTION=201.html

[11] http://www.unesco.org/new/fileadmin/MULTIMEDIA/HQ/CI/CI/pdf/In_Focus/Moscow_Declaration_on_MIL_eng.pdf

[12] http://www.unesco.org/new/fileadmin/MULTIMEDIA/HQ/CI/CI/pdf/news/Fez%20Declaration.pdf

[13] http://portal.unesco.org/ci/en/ev.php-URL_ID=20891&URL_DO=DO_TOPIC&URL_SECTION=201.html

[14] http://www.unesco.org/education/pdf/MEDIA_E.PDF

15 *See Chapter 2. Tier 1: background questionnaire on national contextual data, teacher institutions, individual teachers. Tier 2 – assessment of individual competencies on MIL among teachers applying stratified random sampling of the teacher population in order to illustrate system-wide performance.*

16 *Teachers selected by applying a stratified random sampling method.*

17 *The three competency components are summarized and only key words used here. The details of the MIL competency standard, including three competency components will be described later in the chapter 2.*

18 *UNESCO will be developing an assessment instrument of MIL competences targeting teachers in service and training in the near future.*

19 *It is important to note that the UNESCO MIL Assessment Framework has been developed to assess the MIL competences of any individual, but paying special attention to secondary and tertiary education teachers in service and studying in teacher training institutions. The MIL Competency Matrix is a generic tool that could also be used for the development of assessment tools targeting other social groups. UNESCO will be providing a special instrument for the assessment of MIL competencies of teachers in service and training.*

20 *Performance criteria are descriptions of guidelines or characteristics that are used to assess the required level of a performance, a product or a response. Performance criteria are also used to design and deliver instruction and to assess learning.*

21 *There are three main levels of proficiency: basic, intermediate and advanced.*

22 *'Component 1 – 'Access' as a key word in the Table 4.*

23 *'Component 2 – 'Evaluation' in the Table 4.*

24 *'Component 3 – 'Creation' in the Table 4.*

25 *World Bank. (2012). Implementing a National Assessment of Educational Achievement. Washington DC: The World Bank. http://web.worldbank.org/WBSITE/EXTERNAL/TOPICS/EXTEDUCATION/0,,contentMDK:22301663~menuPK:5495844~pagePK:148956~piPK:216618~theSitePK:282386~isCURL:Y,00.html*

26 *http://unstats.un.org/unsd/hhsurveys/pdf/Household_surveys.pdf*

27 *Rasch Analysis. http://www.rasch-analysis.com/rasch-analysis.htm [accessed 14 October 2013].*

28 *The World Bank series on national assessment on educational achievements is another resource for this exercise.*

29 *http://www.uis.unesco.org/Education/Documents/isced-2011-en.pdf*

30 *http://web.worldbank.org/WBSITE/EXTERNAL/TOPICS/EXTEDUCATION/0,,contentMDK:22930156~pagePK:148956~piPK:216618~theSitePK:282386,00.html*

31 *http://www.uis.unesco.org/Education/Documents/isced-2011-en.pdf*

32 *http://www.uis.unesco.org/Education/Documents/isced-2011-en.pdf*

© Nolte Lourens | Shutterstock